谨以《坚守》之歌献给特别能战斗、特别能奉献、特别能吃苦、特别能付出的开滦矿工

——王和贤

《坚守》

啊　坚守　坚守
大漠泛绿洲
那是小草顽强的坚守
航船绕险滩
那是灯塔忠实的坚守
矿山兴基业
那是井架默默的坚守
乌金献祖国
那是矿工执着的坚守

啊　坚守　坚守
江河入大海
那是溪水不懈的坚守
高山向苍穹
那是平川坦荡的坚守
煤海采光明
那是矿灯忘我的坚守
企业铸辉煌
那是矿工追梦的坚守

波涛汹涌千帆头
是我们永搏着激流
牢记使命永刻在心头
啊　坚守　坚守
有一种情怀叫无怨无悔
啊　坚守　坚守
有一种品德叫甘愿承受
啊　坚守　坚守
有一种大爱叫无私奉献
啊　坚守　坚守
有一种信念叫永远跟党走
不回头

人民对美好生活的向往
讲好中国故事系列丛书
中国能源化学地质工会

煤海撷英

开滦（集团）有限责任公司◎编著

中国工人出版社

图书在版编目（CIP）数据

煤海撷英 / 开滦（集团）有限责任公司编著. —北京：中国工人出版社，2018.10

ISBN 978-7-5008-7083-8

Ⅰ.①煤… Ⅱ.①开… Ⅲ.①煤炭工业—先进工作者—先进事迹—开滦 Ⅳ.①K828.1

中国版本图书馆CIP数据核字（2018）第243464号

煤海
撷英

出 版 人　王娇萍
责任编辑　安　静　李素素
责任校对　赵贵芬
责任印制　栾征宇
出版发行　中国工人出版社
地　　址　北京市东城区鼓楼外大街45号　邮编：100120
网　　址　http://www.wp-china.com
电　　话　（010）62005043（总编室）
　　　　　（010）62005039（出版物流部）
　　　　　（010）62382916（职工教育分社）
发行热线　（010）62005996　（010）62005042（传真）
经　　销　各地书店
印　　刷　北京美图印务有限公司
开　　本　710毫米×1000毫米　1/16
印　　张　12.5
字　　数　200千字
版　　次　2018年11月第1版　2019年7月第2次印刷
定　　价　52.00元

人民对美好生活的向往

讲好中国故事系列丛书

编委会

总序

讲好中国故事　传播工会声音

习近平总书记指出，全党同志一定要永远与人民同呼吸、共命运、心连心，永远把人民对美好生活的向往作为奋斗目标。在党的十九大报告中，“人民美好生活”先后出现14次，关乎民生，亦关乎党的使命、宗旨与愿景。这样的大众化、平民化、生活化表述，让新思想、新战略和新蓝图变得生动而具体，承接地气、充满生气、富有底气，直抵人们内心，温暖你我，感动世界。

今天，中国改革开放的历史航船正处在承前启后、继往开来的新起点。回顾40年来尤其是党的十八大以来发生在企业的巨大变化，梳理涌现在职工身边的先进事迹和感人故事，为即将开启的新的改革探索积累更多可供借鉴的典型经验，有助于激励广大职工群众努力奋斗，让劳模精神、劳动精神和工匠精神薪火相传。

进入新时代、踏上新征程，为中国工会赋予了新的使命和担当。各级工会组织要把学习贯彻习近平新时代中国特色社会主义思想和党的十九大精神作为首要政治任务，进一步团结动员广大职工拼搏奋进，为实现中华民族伟大复兴的中国梦不懈奋斗。

处大事贵乎明而能断。经过改革开放40年的发展，人民对美好生活的向往更加强烈，期盼有更好的教育、更稳定的工作、更满意的收入、更可靠的社会保障、更高水平的医疗卫生服务、更舒适的居住条件、更优美的环境、更丰富的精神文化生活。在这个展现新时代工人阶级新风采和工会工作新作为的关键时期，我们要牢牢把握人民群众对美好生活的向往，自觉践行人民对美好生活的向往就是我们的奋斗目标的承诺，一步步实现好以人民为中心的发展，确保如期建成得到人民认可、经得起历史检验的全面小康社会。

为了贯彻落实习近平新时代中国特色社会主义思想和党的十九大精神，坚定中国特色社会主义道路自信、理论自信、制度自信和文化自信，讲好中国故事，传播好中国工会声音，中国能源化学地质工会策划组织了《人民对美好生活的向往——讲好中国故事系列丛书》，并由中国工人出版社出版。这套丛书以我国能源化学地质系统劳动模范、大国工匠和普通职工为主人公，生动讲述生产一线劳动者创业、创效、创新、创优的故事，记录新时代产业工人生产生活发生的可喜变化，展现工会组织忠诚党的事业、服务职工群众的创新作为，弘扬好声音、传播正能量，引领广大职工形成价值共识。

我们相信，通过向广大职工讲好中国故事、传播工会声音，一定能让劳动最光荣、劳动最崇高、劳动最伟大、劳动最美丽的观念深入人心，让诚实劳动、勤勉工作蔚然成风，激励广大职工激情唱响新时代劳动者之歌，争做新时代的奋斗者，在各自平凡的岗位上，通过辛勤劳动、诚实劳动、创造性劳动，做出不平凡的业绩，实现对美好生活的向往！

《人民对美好生活的向往——讲好中国故事系列丛书》
编辑委员会
2018 年 5 月 21 日

前言

开滦，是一个在百年中国工业编年史上具有里程碑意义的企业，是一个具有140年开采历史、首开先河、举世瞩目的企业。在北京“中华世纪坛”青铜甬道上，永久镌刻着开滦在中国近代工业史上创造的“三个第一”：“1881年开平煤矿建成出煤”“唐胥铁路建成通车”“中国制造火箭号机车”。

开滦，是一个具有光荣革命历史传统的企业。1922年6月，开滦党支部成立，这是中国共产党诞生之后成立的最早的企业党组织之一。1922年10月，在中国共产党的领导下，发动了震撼中外的“开滦五矿同盟大罢工”，并取得了开创性胜利。毛泽东同志在《中国社会各阶级分析》一文中，高度评价“开滦工人特别能战斗”！

开滦，是全国煤炭工业的领头羊。20世纪70年代，开滦原煤产量占全国统配煤矿的十分之一，精煤产量占全国的六分之一，1975年，原煤产量达到2563万吨。周恩来总理于1968年和1973年两次表扬开滦煤矿为国家“出了力、救了急、立了功”，20世纪70年代，全国工业战线开展了“学大庆、赶开滦”活动。

进入改革开放时期，特别是党的十八大以来，开滦集团全面践行“五大发展理念”，推动发展方式转变。以煤为基，多元发展，构建了“三柱一新”

产业新格局，加快了转型步伐，新动能产业成长壮大，百年开滦阔步迈上了高质量发展的快车道。

本书策划和编写坚持以习近平新时代中国特色社会主义思想为指导，以开滦集团近年来加快转型发展为脉络，集中展示了党的十八大以来，开滦矿工发扬特别能战斗精神，推动企业转型发展，续写百年开滦新辉煌的精彩华章。

本书在结构设计上，坚持以“特别能战斗精神”为主线，分为“勇为人先”“艰苦创业”“改革创新”“爱岗奉献”“挚爱无限”“薪火相传”六个板块，讲述了46个故事。这46个故事的主人公有的是先进集体，有的是个人典型；有的是劳动模范，有的是普通工人；有的来自生产一线，有的是后勤职工。但不论他们从事什么岗位，共同特点是，他们爱党、爱国、爱企业、爱岗位、爱奉献，是开滦40万名职工及其家属的优秀代表，是百年开滦历久弥坚、基业长青的带头人！

各级领导对本书的编写高度重视。中国能源化学地质工会领导多次给予指示，中国工人出版社多次给予具体指导，开滦集团党政领导给予高度关注和关心，多次听取汇报，提出方向性意见。开滦集团党委常委、工会主席王和贤亲自谋划、指导编写工作，保证了本书编写的顺利进行。开滦各参与本书编写的单位，以及各位编写者为此付出了艰辛的努力。在此，一并表示感谢！

目 录

第一篇 勇为人先

第二篇　艰苦创业

第三篇　改革创新

第四篇 爱岗奉献

第五篇　挚爱无限

第六篇　薪火相传

第一篇

勇为人先

北京『中华世纪坛』青铜甬道上，永久镌刻着开滦1881年建成出煤等三个中国近代工业史上的第一，一代又一代开滦人在不同的历史时期，书写了无愧于时代的开滦史诗，创造了勇为人先的光辉业绩。

新时代的矿工楷模

——记开滦第五代全国劳动模范代表赵国峰

作者 | 邵艳凤 郑俊平

他的28个春节都是在井下度过的。

28年中，他在岗位上奉献轮休日、节假日达726天，奉献工时达15851个，约1900个工作日。

28年中，他连续20年获评开滦集团公司劳动模范、特等劳动模范；16次获评唐山市劳动模范；2000年荣获全国劳动模范；2009年荣获时代领跑者——新中国成立以来最具影响力的劳动模范等称号。

28 年中，他曾先后受到华国锋、李鹏、江泽民、胡锦涛、习近平等多位国家领导人的亲切接见。其中，胡锦涛总书记曾 7 次握住他的手，体现出国家对开滦工人阶级“特别能战斗”精神的充分肯定……

一连串难得的荣誉、一圈圈清晰的年轮。

他就是开滦唐山矿综采二区采煤机组组长、开滦第五代全国劳动模范代表赵国峰同志。

做窑就得做出点样来

历经 100 多年开采历史的开滦唐山矿，资源日趋匮乏、边角余煤储量比重越来越大。在此情况下，唐山矿领导决定投入资金引进轻型综采放顶煤采煤设备向边角余煤宣战。当时的开滦，既没有开采边角余煤的经验借鉴，更没有成功先例，想在短时间内让新设备发挥功效具有较大的挑战性。关键时刻，赵国峰主动向领导请缨，立下军令状：“只能成功，不能失败。”为熟练驾驭这套新型采煤设备，他连班加点，边操作、边学习，揣摩各项性能、摸索操作技巧，传授给团队成员。一个个难题接踵而至，赵国峰带领他的团队攻坚克难、各个击破。

干活就得干出点水平来

面对工作面倾角大，导致采煤机推采困难这一课题，赵国峰费尽心思、绞尽脑汁。记得当时，因顶板淋水较大，他经常被浇成“落汤鸡”，但他全然不顾，坚持连续几班的艰难试采。本就感冒的赵国峰在处理完采煤机故障后起身时，忽然眼冒金星、眼前一黑，“扑通”一声昏倒在掌子面上。工友们赶紧把他送上井、前往医院。晚上，躺在病床上的赵国峰怎么也睡不着，他拔掉输液针，悄悄地蹓出了病房。由于身体虚弱，他顺着楼梯往下走时，一脚踩空，一下子摔倒在楼梯上。就在这一瞬间，一个灵感迸发出来：下台阶？对！下山推采也可以一个台阶一个台阶地下。他顾不得身体疼痛，立即赶到矿上换上“窑衣”赶到工作面。经过一个班的推采试验，“台阶式推采

29
32

法”成功了，日产量由原来 600 多吨，一下子提高到 2000 多吨，工友们都禁不住竖起大拇指：“赵国峰，好样的！”

做了几十年窑的赵国峰，不仅能够熟练地操作各种型号的采煤机，而且熟知各种生产辅助机械设备性能，已经成为一专多能的复合型技术工人、矿区有名的生产能手。

近些年，随着时代的发展，煤矿也迎来了新技术应用的大潮。赵国峰常想：“我虽然只有初中文化，成不了工程师、科学家，但我可以当一名能工巧匠，练一身绝活，做一名新时代知识型、科技型的好矿工。”

学习就得学出点动静来

从那以后，赵国峰在枕头下边、床头柜里，塞满了各种与煤矿相关的专业书籍。他还摸索出了一套“六段蚕食学习法”：出门等车看一段，上下班路上想一段，班后找技术人员讲一段，回家让妻子考一段，晚上打开录音机听一段，有了心得体会赶紧记一段。这一坚持就是十几年。通过执着的追求、不懈的努力，赵国峰不仅拿下了中专、大专、本科文凭，还拿到了高级技师证书，获得了全国技术能手称号。

赵国峰心里总装着这样一个数学公式：大干苦干是加法，巧干创新是乘法，带动大家一起干是乘方。

赵国峰和工友们先后完成了百余项“小革小改”，他还先后总结开发出“三直一平割煤法”“提前挂梁控顶法”“快速移溜法”等高档普采和轻放采煤两大类 12 项采煤技术操新方法，并辑印成册，在开滦唐山矿各采区得到了推广，大大提高了煤炭生产效率。

在赵国峰心中，工作只有起点，没有终点；只有更好，没有最好。赵国峰用实际行动在平凡的岗位上无私地奉献着自己的光和热，带动着一代矿工将他们一颗颗朴实赤诚的心献给了社会。

新中国第一矿的绿色答卷

作者 | 节金阳

1964 年建成投产的“新中国第一矿”——开滦范各庄矿业分公司（以下简称“范矿公司”），如今已走过了 54 年的发展历程。今天，当你走近她的时候，首先感受到的是文化墙与高耸的井架天轮交相辉映，修剪整齐的草坪、随风摆动的鲜花、枝繁叶茂的梧桐……处处彰显着“煤矿不见煤，人在花园中”的和谐景象。

“煤”都去哪儿了？

“既然是煤矿，开采出的煤都去哪儿了？”走进范矿公司的人难免会产生这样的疑问。为有效避免储煤厂里的煤在干燥、大风天气时对矿区及周边环境造成扬尘污染，范矿公司在原有挡风抑尘墙的基础上，筹建了总面积约 4 万平方米的封闭式储煤厂，煤炭升井后，经原煤运输线，直接存入储煤厂。通过为储煤厂垒墙筑顶，并在厂内安装雾炮、喷淋等除尘设施，煤尘得到了有效遏制。

“环境污染少、经济效益好”是范矿公司在新型矿山建设之路上始终坚守的原则。过去，在拉运地面残煤过程中，采用的是用矿车倒运到残煤厂的传统方式，这在一定程度上影响了绿色矿山的建设与发展。针对这一情况，他们积极思考调研，在取消地面残煤厂的同时，推进实施井下残煤入洗工程，将残煤直接运往井下卸载坑，经封闭式运输再进入选煤厂进行洗选，既使残煤得到了有效回收，又为企业增创了经济效益。

矿井废水有了新用途

范矿公司水文地质条件复杂，井田是一个包括冲积层孔隙水、基岩裂隙水、奥陶系灰岩岩溶水的充水矿井。以往，部分矿井水作为废水直接被排放掉。现如今，范矿公司“变废为宝”，给矿井水找到了新用途。

范矿公司一水平北翼大巷常年自然涌水，以往传统方法排水需要经过井上过滤后再排到井下供生产使用，不仅工序复杂，而且消耗电能多、浪费水资源。公司员工针对水问题大胆实践，他们安装井下用水过滤装置，结合实际，对过滤网等部件进行改造。然后，他们把井上水厂和井下过滤装置过滤后的水样拿到兄弟单位，请求兄弟单位帮忙检验水质，最终找准了自然涌水质量和生产用水需求之间的最佳契合点，利用原有巷道修建蓄水池。蓄水池与三水平大巷主供水管路连接后，直接将一水平水过滤后的水引至三水平，不仅缓解了供水压力，还有效减少了电能消耗。

范矿公司针对水资源的思考并没有就此停止。他们还筹建了净化水厂，矿井水经过净化处理后供员工生活饮用、绿植浇灌、洗煤过滤、净化水幕、转载点喷雾等生产生活使用，实现了矿井水的最佳利用价值。

新能源带来绿色效益

太阳能路灯以节能、环保等得天独厚的优势，悄然飞入了城市的街头巷尾。范矿人正是看准了新能源的利用价值，坚持深挖内潜，降本增效，发挥该技术优势，利用光伏组件、发光二极管、太阳能电池和控制器等，在公司停车场和工业广场甬道照明区域，安装太阳能照明系统。系统中的光伏组件在白天吸收光照，将太阳能转化为电能储存在太阳能电池内，到晚上天黑时便放电照明，不仅降低了电能消耗，还为员工夜间上下班行驶提供了便利。

太阳能资源的转化利用是范矿公司节能减排的一个缩影。多年来，他们巧走发展与消耗的“平衡木”，在重点项目中争主动，在节能减排中见真章。醇基燃料锅炉改造便是节能减排工作的另一项突破。

燃煤锅炉运行是造成空气污染的根源之一。为了使矿区的天更蓝、云更白，范矿人深思熟虑，深入现场勘查，多次召开会议分析论证，多方征求意见，科学制订改造规划。利用锅炉房原有建筑，拆除内部传统燃煤锅炉及相关附属设施，新购置安装醇基燃料机，与原供暖管网相连，成功实现新燃烧机与原炉的最佳匹配，保证了冬季正常供暖。

百年选煤厂的新生

——开滦林西矿业公司选煤厂技术改造纪实

作者 | 饶小明　刘立伟

"这新设备可真不赖，不仅操作简单，节省工力，而且生产效率大幅提高，如今我们再不用为每班设备故障加班加点地维修而奔波啦，最重要的是这洗煤回收率一提升，我们的收入也提高了。"在林西矿业公司选煤厂摸爬滚打了 30 年的张师傅话语中难掩喜悦之情。

像张师傅这样在林西矿业公司选煤厂工作了几十年的老师傅还有很多，他们见证了这个有着一百多年洗选加工历史老厂的辉煌、衰落和重生。如今，是什么使这个百年老厂枯树逢春、焕发生机了呢？答案只有一个——技改创新。

先进的技术铸就辉煌的历史

历史上的开滦林西矿业公司选煤厂可谓中国选煤技术发展史的典型代表，它始建于 1914 年，是中国最早、最大的选煤厂。20 世纪 30 年代，它以先进的洗选工艺和 180 万吨的入洗能力，号称“远东第一、世界第二”。它开创了开滦销售精煤的先河，以其过硬的产品质量树立了开滦精煤产品的品牌，享誉国内外，其产品指标被确定为国内焦煤指标的行业标准。50 年代，开滦自行研制的国内第一台卧式风阀对国内跳汰选煤形成划时代的变革，首次重介应用试验的成功，曾对推动中国选煤技术发展产生了深远的影响，每一次技术改造都凝聚着开滦人的智慧和力量。

难掩被淘汰的“尴尬”

然而，进入 21 世纪，国内的选煤技术得到了飞速发展，林西矿业公司选煤厂这架老车早已不堪重负，沿用了 70 多年的跳汰洗煤工艺其洗选效率不足 80%，与先进的洗选效率相差 15% 左右，精煤损失严重。虽然几经技术改造略见成效，但与当时先进的工艺相比还有更多的差距，在煤炭市场的黄金期，精煤回收率每提升 1%，年利润就增加几十万元。作为百年老矿主要创收来源的选煤厂该何去何从？企业管理者陷入了沉思……

2008 年 3 月，正值煤炭行业的黄金时期，选煤厂出现浓缩机压耙子事故，造成全厂停产。时任公司经理的卢宝祥亲自指挥处理事故，三天三夜未合眼，当设备恢复运行后，他丝毫没有喜悦之情，而是立即召开现场会。会上，他非常严肃地说：“选煤厂就像 70 岁的老人，是该彻底更新换代了，我们应马上组织技术力量，以最快的速度拿出改造方案。”

敲定新的技改方案

经过一年多的市场调研和反复技术论证，2010 年初，三套技改方案摆在了公司领导的办公桌上。“在原厂房内改造；在原址新建主洗车间；另择合适地点新建主厂房和储运系统。”新的难题应运而生，在原厂基础上改造，只改洗选技术的核心部分，虽然资金投入少，但依然面临设备老化等诸多问题，仍然会影响企业经济效益；重新投产建设新工艺的选煤厂，工程量大，需要大量的资金投入。面对技改方案的利弊，经多方研讨，反复斟酌，最后达成了一致意见：选煤厂是全公司 3000 多名职工的饭碗，我们必须对企业生存发展负责，建成国内一流水平的选煤厂。经公司董事会、股东会研究通过后，新选煤厂于当年 5 月 28 日正式开工建设。

质量和进度并进

时间就是效益，为了如期完成选煤厂项目，时任公司经理的卢宝祥亲自主持每周一次的工程例会及每天的碰头会，他对工程质量和进度要求非常苛刻，进度计划稍有瑕疵他都会问原因、追责任。施工期间，卢宝祥因多年

下井积累的双腿痛风发作了，但一直咬牙坚持盯现场，几乎每天都能在工地上见到他的身影。他曾不止一次地强调："建设新选煤厂，是林西矿业公司解放以来的第一大投资工程，也是公司的效益工程和生命工程，任何一家单位都不能出现丝毫问题。"2011 年 1 月，正值煤仓施工，冬季施工混凝土温度低，凝固慢，严重影响工期，为确保进度，开滦建设集团施工队的职工白天支模，晚上浇筑，用电褥子烘烤煤仓外壁，昼夜奋战，按时完成了施工任务。截止到 2011 年 2 月 28 日，经过短短 9 个月的时间，选煤厂具备了生产能力，新老系统正式对接。

再铸企业新辉煌

沉船侧畔千帆过，病树前头万木春。新建成的选煤厂洗选效率达到了 93%~95%，实现了国内同行业先进水平，与老选煤厂相比精煤回收率提高了 4.5% 以上，电力负荷减少 1027.23 千瓦，用工人数减少了 83 人，为企业带来了丰厚的经济效益，不到一年半的时间，就收回了 9013 万元的全部投资，并于 2012 年被评为"中华环境友好选煤厂"。选煤厂的改造是科技力量的体现，更是开滦人"特别能战斗"精神的诠释。

一个苦干型劳模的转型之路

作者｜彭　飞

张文市出生于矿工家庭，在父亲的影响下，1981 年 9 月，年仅 18 岁的张文市顶工来到开滦范各庄矿业公司掘进二区，当了一名掘进工。多年来，他用勤劳奋发、勇于担当、与时俱进的精神，走出了一条从大干、苦干，再向技能型劳模的转型之路，续写着矿山美丽的篇章。

初生牛犊不怕虎

上班第一天，张文市面对的问题是工作面顶板压力大，百米长的巷道，有三分之二的高度只有 1 米多一点，最低处只有 80 厘米，有路不能走。张文市不怕吃苦，总是抢着干最累、最险的活儿。老师傅都夸张文市干活像一个“小老虎”。1985 年 10 月，由于工作需要，张文市被选调到开滦钱家营矿。当时的钱家营矿正处于矿井建设的冲刺阶段，给矿井投产准备充足的战场。然而，他所在的井下工作面受地质条件的影响，出现了大量的涌水，水深最深达 0.5 米。面对恶劣的条件，当时身为副班长的张文市第一个脱掉衣服，和工友们一起在漆黑的巷道里，浸泡在黑水中，扛棚子、移设备、架顶棚、捞浮煤，铁梁磨破了肩膀，煤碴子划破了膝盖，但他全然不顾。在他的带动下，他们班组创下了班进 15 架棚子、12 米和单班月进尺 350 米的半煤岩全国纪录。多年来，张文市曾多次创出个人单班进尺以及班组月进尺的全国纪录。

掌握技能成大器

随着矿井综掘机械化程度越来越高，张文市越来越感到光靠大干、苦干已经不能适应时代要求。要不愧于新时期的劳动模范，就必须掌握一手高超的掘进技术。于是，张文市开始研究技术，他学习起来就像着了魔一样。一次，他正在家里聚精会神地看掘进机线路图，妻子过来叫他：“文市，厨房的电咋断了？你快去看看吧。”张文市连头都没抬，随口说：“没电？把 1375 采面的液压泵打开试试。”弄得妻子哭笑不得。就这样，他经常把掘进机的电路图贴在自家的炕头上，即使起床穿衣服时，也要看上几眼，加深些印象。

年复一年，张文市先后自学了《机械修理》《掘进机故障排查分析》等 30 多本专业书籍，并到函授大专班深造。在总结实践经验的基础上主持编写了《S-100 型掘进机使用维修与保养》《掘进机事故百例剖析》等 5 本实用教材，成功地探索出了在不同地质条件下的快速擢煤法，使进尺效率翻了一番，每年多进尺都在 3000 米以上。他个人也因此成为高级工人技师。同时，他还攻克了 S-100 型掘进机冷却系统改造、掘进机油泵传动轴改造等 30 多项科技攻关项目，创综合经济效益 800 多万元。

60
1949-2009

一花独放不是春，百花盛开春满园。张文市从1993年开始带徒弟。现如今，他早已桃李满天下。据了解，仅3年来，他组织传授技术培训就达80多场次，带出的30多名徒弟都成了公司技术上的顶梁柱。

割舍小家为大家

从入矿的第一天起，张文市就把自己交给了矿山，全身心地投入企业的生产当中，家中的农活全都落到了妻子柔弱的肩上，而他却把收获的希冀寄托在了百里煤海。38年来，他从未因家务事请过一天假，而且经常连双休日也要上班。一次，已经一周没回家的张文市刚一进家，便看见妻子在悄悄地抹眼泪，妻子向他诉苦说："就咱家的稻子还没收，女儿又发高烧，我顾了家里顾不了地里，你都好几年没待过礼拜了，你就待一天，帮帮我吧！"妻子的一席话，让这个刚毅的汉子眼圈湿润了，他心里明白欠家人的实在太多了。可转念又一想，矿上的掘进工程正吃紧，怎能因家里的小事误了矿上的大事呢？为了不伤妻子的心，他吃过晚饭拿起镰刀，悄悄地来到地里，用了大半夜的时间把地里的稻子收割完。第二天一大早，他又咬紧牙关投入掘进会战。

一分耕耘，一分收获。张文市38年井下的摸爬滚打结出了丰硕成果。他先后荣获全国劳动模范、全国五一劳动奖章、中华技能大奖，2012年作为河北省唯一的产业工人当选为党的十八大代表。

张文市从一个苦干型的劳动模范成功蜕变成一名技能大师，练就了一身过硬技术，创出了一个又一个令世人瞩目的辉煌业绩。如今，在企业发展的大潮中，张文市正带领他的团队劈波斩浪，扬帆远航。

竖起的奇迹

——开滦建设集团安装队伍井架起吊之最

作者｜王玉华　李　征

“开滦集团展雄风，顾桥建设显英雄，巍峨井架拔地起，敦实笔直射苍穹。”这是2012年3月开滦建设集团安装人在成功起立淮南顾桥深部进风井井架后收到的矿方贺词中的赞誉。

开滦建设集团安装工程处，具有机电设备安装工程施工总承包一级资质及锅炉安装、维修，起重机械安装、改造、维修，压力管道安装等专项资质。在开滦和全国各大煤炭基地的新井建设、老矿挖潜改造和矿山抢险救灾等重点工程中做出了突出贡献。

回首历史，开滦安装人曾多次被评为煤炭行业甲级施工处、甲级施工队。特别是近年来，转战全国各大煤炭基地，独立完成了大型、特大型煤矿井上下机电设备安装，新建和改扩建50余座大型洗选厂；独立制作安装200~900吨井架百余座；自主研发的“在凿井期间起立大型箱式钢结构永久井架的方法”“单桅杆单滑轮组起吊井架及其施工方法”荣获国家发明专利，“单桅杆单滑轮组起吊井架”荣获国家实用新型专利。“丁集矿井架安装工程中采用的超90度桅杆扳转法吊装”被评为中国企业新纪录。承建的山东济矿集团花园矿、济矿集团霄云矿等多项大型工程，获得了全国煤矿建设工程质量——“太阳杯”奖。

海外起吊　创“吉国”新高度

2017年，适逢国家“一带一路”大战略的机遇，开滦建设集团安装处承接了吉尔吉斯斯坦奥同克有限责任公司左岸金矿新竖井井筒、井架安装工程及地表建安工程。此项工程是开滦建设集团公司走出国门的一个大工程，该工程位于吉尔吉斯斯坦楚河州克明区奥尔洛夫卡市塔尔德布拉克区域。该井架高35.9米，重164吨，是吉尔吉斯斯坦第一个箱形井架，也是吉尔吉斯斯坦最大的井架。

吉尔吉斯斯坦没有大吨位吊车（最大吨位的吊车为70吨），也没有大型起重设备，全国范围内找不到符合要求的起重设备，为了顺利起立井架，开滦建设集团安装处根据现场实际条件设计起重桅杆和吊点，制作起重桅杆，开创了井架起立自制起重桅杆的先河。通过合理布置起重稳车，把不可能变为了可能。

施工过程中遇到了很多困难，吉尔吉斯斯坦气候寒冷，从十月开始陆续下了几场大雪，安装处的员工克服天气寒冷、场地狭小、语言不通、供货不及时、工期要求紧张等困难，36名员工从井架组装到起立共用工期45天，不仅把“开滦特别能战斗”的精神推向吉尔吉斯斯坦矿山施工市场，让甲方钦佩不已，也通过过硬的技术和效率在国外树起了开滦品牌。

大跨越起吊　给开滦金牌再添光彩

2012年，三月的淮南，阴冷潮湿，人们冬装依旧，建设集团安装处主任工程师屈福民站在淮南顾桥煤矿深部进风井800多吨特大型井架起立现场，看着刚刚合龙的井架，悬了几天的心终于放下了。想起了开工时的艰难，恶劣的现场条件可没少让他犯愁，地基松软是安全吊装的最大隐患。正在进行的井筒注浆制冷，也增添了许多困难。为了赶进度，他们多次与制冷、地矿等单位协调，在保证安全的前提下交叉作业。简单的井架基础施工，成了安全的第一道防线，他们不得不从唐山调来一批土建技术人员来实施基础加固。井架组装打破常规工艺，采用从顶部往底部倒组装的施工方案；办公楼位置处于起吊绷绳之下，最后他们不得不改变原来的施工方案，实施安全跨越，从而保证了办公楼不受损坏。不过这一切都是值得的，从井架组装到主、副斜撑合龙仅用了20天时间，这足够让所有参战员工自豪了。但更让他们高兴的是，这一成绩又给“开滦”这块金牌子增添了光彩。

不停井起吊　荣获国家技术专利

刘士国、邢贵坡作为项目部负责人刚接到淮南丁集主井井架起立工程的

时候也犯了难，起立 800 吨级别的井架，而且是在井筒掘砌工程正在进行冲积层段施工的情况下，矿方只给了 13 天的停井时间，如何在不影响凿井工程的情况下起立主井井架成了他们需要攻克的第一个难关。困难反而激起了他们那股不服输的劲头，在安装处总工程师姜经纬及屈福民的指导下，他们采用桅杆大于 90 度扳转法吊装井架主副斜撑与凿井平行作业的技术方案，从井架组装到合龙成功，为保证井下施工人员的安全，仅停井 11 个小时，不仅让矿方大为惊叹，而且获得了国家级技术专利及中国施工企业管理协会颁发的技术创新成果二等奖。

高海拔起吊　传承特别能战斗精神

生长在平原的人，冷不丁来到海拔三千多米的高原，还没下车，头痛就已越来越厉害了，一同来青海施工的建设集团的几十个职工几乎都有同样的感受，别说干活，就是走路稍微快点，都会气喘吁吁、大汗淋漓。剧烈的头痛、高寒缺氧，让安装人“领教”了什么是高原反应。

然而，2008 年 5 月，建设集团安装人连续奋战 17 天，将一高 32.15 米、重 280 吨的在青海堪称最大的井架屹立在了海拔 3400 米的高原上。对此，青海西海煤电有限责任公司专门为建设集团公司发来贺信，盛赞开滦人“特别能战斗、特别能吃苦、特别能忍耐”的奋斗精神。

让知识在煤矿闪光的女专家

——记开滦钱家营矿机电科技术副科长李克清

作者｜刘　磊

她的身上闪烁着无数的光环，她用知识在矿山发挥着无穷的能量。她，就是开滦钱家营矿业公司机电科技术副科长李克清。

与大多数年轻人的选择不同。当初，刚刚走出校园的李克清没有把目光投向环境舒适、工作轻松的单位，而是做出了来到矿山生产一线的大胆决定，她选择了用武之地——还在筹建中、一切都刚刚起步的钱家营矿。她觉得设计这样一座年产 400 万吨的特大型现代化矿井，对于她这个年轻的知识分子来说，是一个非常好的机遇。她要把自己所学的专业知识应用在矿山建设和发展之中，让自己的专业知识在矿山发出光和热。

工作中缺啥她就学啥

面对刚刚起步、困难多多的新矿山，这个倔强的姑娘没有因此放弃要把知识和力量奉献给矿山的初心，而是凭着执着的精神在工作中不断实践、不断探索、不断摄取知识养分。李克清从不放过任何一个学习的机会，她先后自学了高等教材中与工作有关的课程，并且报考了开滦大学机电函授班，使她的机电技术理论水平有了很大提高。同时，她把所学理论知识用在了机电维修的实践中。进矿短短几年的工夫，李克清已成长为一名有着矿山“电器大师”“数据库”“活字典”美誉的专家，同时，她还成为河北省第八届党代表，并获三八红旗手称号。

危难中哪儿需要她就去哪儿

当繁星布满了夜空，淡淡的月光映在楼群上，整个夜晚显得是那么宁静，楼群里的人们早已进入了甜美的梦乡。“丁零零……丁零零……”突然，一串急速的电话铃声，打破了宁静。

“喂，您好。”“是李科长吗？我是调度站的小庞，现在主井绞车提升系统有些问题，绞车停转处理有半个小时了还是不行。”焦急的声音从电话的另一头传来。李克清一听马上从困倦中醒来，“半个小时了？还没好？我马上赶过去”。半个小时，意味着什么？会直接影响公司的生产。李克清放下电话，立刻起身，穿好衣服正准备出发，惊醒了身边正在熟睡的丈夫，“怎么，班儿上又有事了？”已经习惯了的丈夫无奈地问道。“你睡吧，我处理完就回来。”

此时，正是夜里三点多钟，阵阵微风给宁静的夜带来一丝丝凉意，一眼望去，或明或暗的路灯与闪闪的星星连在一起，让生活区至矿里的几里路显得那么遥远、那么可怕。李克清心里惦记着时间、惦记着绞车，焦急冲淡了恐惧，娇小的她一咬牙，骑上自行车冲进夜幕之中……

平日，半个小时的路程，这次她仅用了20分钟就到了。气喘吁吁、汗流浃背的李克清顾不得擦擦汗水、喘一口粗气，就直奔电控室。了解情况后，她拿过图纸仔细分析，一会儿用万能表查测，一会儿又回到图纸上查阅。时间一分一秒在流逝，查找一步一环在进行，汗水一点一滴在渗出，几次测量后终于找到了问题根源，绞车恢复了正常运转。半个多小时没有处理好的问题，在她的手里仅用了十分钟就处理好了。“好了！好了！可以提煤了……”在场的人都竖起大拇指称赞李科长“真行”“太厉害了”！

故障不根除她就不罢休

这时的李克清缓缓地抬起手擦了擦额头上的汗水，脸上却没有一丝喜悦，而是陷入了沉思。“是什么原因导致液压站压力上不去？难道是……”一个个新的问题在李克清脑海里出现。“李姐，您快回去休息吧。”技术员小刘打断了李克清的沉思，这时已经快凌晨四点了。“不急、不急，小刘，你把图纸拿过来，咱们再研究一下。”小刘不解地拿过图纸：“李姐，绞车不是好了吗？怎么，还有问题？”“你看这里，”李克清用手指着图纸，“问题就在这里，导致了液压站的压力上不去。”“对呀。”小刘一下也明白了，“李姐，

这个问题还真得解决，不然，绞车还是带病工作，会给安全生产带来隐患。”就这样，她通过对图纸的分析、线路的查找、原因的逐一排除，最终找到了问题的根源，彻底消除了绞车的安全隐患。这时，喜悦仿佛带走了一身的疲惫，李科长迎着朝阳开始了新的工作。

这就是李克清，扎根矿山，34 年奋斗在矿井提升一线，不断提升自己，让才智在矿山发挥光热的女专家。

煤化工工段的女值班长

作者 | 宋佳伦　周慧娟

在煤化工行业中，焦炉煤气制甲醇工艺素来以易燃、易爆、工艺复杂、危险系数高著称，所以在行业内，甲醇工段选拔值班长有一些不成文的规矩：优先选择工作年限长、经验丰富的老员工，其次选用男员工，原因是男性在应对突发情况时，心理承受能力普遍强于女性。

但在唐山中润煤化工有限公司甲醇分厂，偏偏有这样一位年轻的女值班长，她就是开滦集团公司首席技师、煤炭行业技能大师、全国技术能手——邓晶。

她究竟有什么过人之处，能成为公司唯一一名女值班长？我们或许能从五年前的那次停车事故中找到答案。

那是2013年的一个冬夜，正是甲班当班。在毫无征兆的情况下，系统蒸汽压力突然下降，导致合成气压缩机跳车。

当时，前道工序的两台焦炉气压缩机仍然以每小时28000立方米的气量向后输送着煤气，合成气压缩机突然停车导致煤气无法向后输送，滞留在转化工序，造成超压。如果不能快速准确地处理，煤气压力很快会超过氧气压力，煤气会进入氧气管道形成爆炸性气体，一旦发生爆炸，后果不堪设想。

怎么办？情况紧急，必须马上进行调节，这是开工以来从未遇到过的突发事故，也没有预案。

怎么调？偌大的系统，那么多的设备，涉及的方面太多，怎样才能平稳降压避免意外？班组员工的目光都落在了这位年轻的女班长身上。这时，邓晶表现得超常冷静，只见她临危不乱，果断地拿起对讲机下达指令："二期人员看好生产，密切关注氮气、脱湿前压力；一期现场人员立刻到现场就位；合成人员将合成塔保温并泄系统压力，焦炉气压缩机减量，煤气柜注意风机出口压力……"一条条指令有条不紊地发出，现场人员按照她的指令操作，邓晶一边指挥，还一边亲自操作着最关键的甲醇转化部分。经过一阵紧张地忙碌，整个系统平稳降压，避免了事故的发生。当厂长满头大汗跑到中控室时，看到生产还在稳定运行，不禁对邓晶竖起了大拇指。

事后，邓晶对事故的处置过程被分厂编制成了应急预案，成了应对此类事故的标准化操作流程。是的，那看似不假思索就发出的一条条指令，其实考虑到了整个工艺过程的每一个细节，既命中要害，又滴水不漏。

墙内开花墙外香。前来技术交流的同行们在听说了邓晶的事迹之后，一传十，十传百，邓晶成了行业内小有名气的巾帼英雄。

转眼一年过去了。这一天，中润公司迎来了一批特殊的客人。他们来自云南昆明，不远千里来到河北唐山，是为了请高人帮忙。原来，昆明钢铁集团的甲醇项目已经建设完成，准备开工投产。但内行都知道，甲醇生产运行不难，难在开工。甲醇生产工艺复杂，所需条件严苛，怎样对初次运行的设备进行启动、调试，最终生产出合格的产品，是长达两个月的漫长过程。而千里之外的这家企业，将信任交给了素未谋面的邓晶。

背负着公司领导的嘱托，邓晶和同事们开赴云南，开始了中润公司成立以来的第一次技术输出。

在开工的那段日子里，她天天泡在厂里，平均每天休息不到五个小时。她深知，开工难，难在必须时时刻刻保持谨慎，一个微小的失误就可能铸成大错。果然，对方的操作人员没有经验，不能对事故的前兆做出准确判断，几次错误的操作被邓晶及时纠正，才化险为夷。不但如此，她还突破性地提出用焦炉气压缩机压缩氮气，开辟两条升温还原流程同时进行，精脱硫触媒升温还原硫化所需的时间就减少了一半。这样做一举两得，既缩短了开工用时，也大大降低了人员出错的概率。她的提议被采纳之后，效果立竿见影，原本两个月的开工流程被缩短到了二十天，并且一次成功，顺利产出了第一吨优质的甲醇。她的开工改进方案改写了行业历史，被同类企业纷纷借鉴。

也许有人会问，邓晶这一身的本领是从哪儿来的？俗话说：冰冻三尺非

一日之寒，任何人都不可能天生优秀。

在中润公司甲醇分厂筹建伊始，邓晶就天天泡在现场。因为她心里憋着一股劲儿，都说甲醇生产工艺复杂、危险，很多厂家在开工时会发生或大或小的安全事故。她的目标就是要让中润的甲醇生产实现零事故开工。白天，她顶着夏日的酷暑，查设备、跑管线、熟悉工艺；晚上，她潜心研究学术理论，缺少学习资料，她就向设计单位借，厚厚的工艺资料、设计图纸在她的书桌上堆起了小山。没有操作经验，她就上网搜索、四处打听，向其他单位的老师傅们请教。一个夏天过去，分厂内的每一台设备、每一条管线、每一个阀门、每一套参数她都做到了烂熟于心。一个夏天过去，邓晶变黑了，变瘦了，也变成熟了。功夫不负有心人，中润公司甲醇项目真的实现了零事故开工。

邓晶用自己的实际行动践行了“干一行、爱一行、精一行”的人生格言，在煤化工这个本来“属于”男人的领域里，闯出了一片属于她的天地。

一个记者眼中的煤矿面貌变化

作者 | 赵相林

我叫赵相林，在林矿公司工作已有 27 个年头了，如今在矿上宣传部当记者。提起煤矿，人们不禁会把它与煤尘飞扬、乌烟瘴气联系在一起。然而，27 年来，我亲眼见证了林矿和开滦面貌的改变，曾经脏乱差的煤矿已被绿色环绕、鲜花拥簇所代替。

矸石山变身生态园

2017 年夏，当林矿人欢庆建矿 130 周年的时候，我一人徒步爬上林矿公司矸石山的顶峰，眼前豁然开朗，被那美不胜收的景象深深地吸引。这座昔日黑红土肆意飞扬的矸石山已经被大面积的绿色覆盖，上万株柏树、火炬树、紫穗槐、椿树、黄杨树等迎风摆动，太阳花、串红、月季争相斗艳。这座丑陋的矸石山已实现华丽转身，与壮阔的古冶区政府遥遥相对，成为一处具有观赏价值的生态园林。

据了解，这座占地面积达 100 多亩的矸石山形成于新中国成立初期，像众多矿区一样，这里一直是环境治理上的盲区。如今，有着百年开采历史的林矿公司，主动融入区域绿色发展大局，树立“既要绿水青山，也要金山银山”的理念，以提高员工幸福指数、勇担社会责任为重要途径，以塑造“绿色矿区、文明矿区、和谐矿区”的新形象为目标，对矿区进行净化、美化、绿化、亮化。其中，矸石山的巨大变化就是矿区的一个美丽缩影。

忆往昔，那还是 2008 年的夏天，我曾经陪同几位摄影爱好者来到这座矸石山上取景拍照，当时山脚下野草长得足有一人高，风一吹，草丛中会发出令人毛骨悚然的吱吱响声，山顶上更是灰尘飞扬。

这座矸石山地理位置特殊，北面正对着古冶新规划区，随着古冶区环保

规划的推进，矸石山的荒芜景象已经影响到城市的整体形象，所以公司决定下大力气来治理矸石山，先后投入二百多万元，对矸石山进行绿化、美化。记得当时公司专门请来了开滦林场的专家，根据矸石山山体形状及土质特性，设计出整体园林造型，在最短的时间内为这片“荒山野岭”披上华丽的“外衣”。

垃圾场变身小花园

正当我被这幅“路在树中、人在绿中”的美丽画卷所折服时，无意中目光瞟向西北方向，那是公司的井塔区域。远远望去，高高的井塔周围点缀着一簇簇五颜六色的小花和各种枝叶茂密的树木，塔上赫然醒目的十二个大字：“百年林矿、转型发展、再创辉煌”，让整个井塔区域看起来又像是一座美丽的花园。

在林矿公司工作 10 年以上的工人都知道，过去这个井塔区域以脏乱差著称，随处堆放的旧材料、罐底煤、旧设备让整个环境看起来杂乱无章，如同一片垃圾场。为此，公司先后投入一百多万元对这里进行了环境治理。其中，硬化面积 1600 平方米，绿化面积约 3 万平方米，使这片区域真正绿化、美化、亮化起来。

小库群变身文体场

当我来到公司采区楼西侧、职工文化体育广场时，眼前仿佛又出现了在这里举办的 2017 年春季运动会的场景。

——篮球场上生龙活虎的身影；

——拔河场地气吞山河的呐喊；

——呼啦圈赛场婀娜摇摆的身姿；

——跳绳比赛翩翩起舞的节奏；

——参加开滦集团春运会练队的情景。

一幅幅难忘的画卷，久久回放在眼前。

过去，这块占地 2900 多平方米的地方曾经是矿上二十多间基层小库房的聚集地。公司为了进一步提升员工幸福指数，于 2009 年就着手对采区楼西侧的小库房进行整改拆迁，不仅对这里实施了硬化、绿化工程，还投资兴建了篮球场、羽毛球场，安装了单人坐拉、双杠、单杠、高低杠和太空漫步机等多种健身器材。还对从员工宿舍楼至采区办公楼的道路进行了开辟，缩短了宿舍楼至员工文化体育广场以及办公楼的距离。原来员工们要绕行 15 分钟才能到达采区办公楼，如今有了“捷径”，出了宿舍只需步行两分钟就能到达办公区域。

虽然本人亲历了新公司成立 10 年来的变化，但始终没有像今天这样一门心思地饱览一次公司美景，那一片片青翠宜人的绿荫，那一簇簇张开笑脸的鲜花，那一阵阵迎面扑来的香气，那一条条平坦交错的道路，那一处处休闲娱乐的场所让我流连忘返。

观赏美景何处去？不如矿内逛一遭。

第二篇

艰苦创业

资源型企业总会有资源枯竭的那一天。开滦人以新理念、新思维、新战略为指导，居安思危、未雨绸缪，在还有一定资源的情况下，以煤为基发展新产业，走出去开发新的增长极，实现了产业由单一向多元发展的华丽转身。

王学俊的转型三部曲

作者 | 郑立生

55岁的王学俊，现任荆各庄矿业公司经理。他以一名优秀企业家的胆识和魄力，面对矿井煤炭资源匮乏、转型发展迫切的实际，勇于承担起公司转型发展重担，倾情倾力，团结和带领全体员工，用顽强的拼搏精神、执着的创新精神、无私的奉献精神，走出了一条资源枯竭型矿井转型发展的新兴之路。

2008年底，王学俊担任荆各庄矿业公司经理。当时的荆各庄矿业公司面临的最大问题就是资源濒临枯竭，储量只剩下243万吨。许多职工都对企业前途没有信心，想方设法要调走，留下来工作的也不安心。

面对资源枯竭、人心不稳的现实，有人向王学俊建议，可以走两条路：一是有水快流，早“死”早托生；二是看摊守业，干到哪儿算哪儿。作为一名共产党员、企业管理者的王学俊不这么看。他认为，如果选择这两条路对上对下都是不负责任的，都缺乏担当精神，是绝对不能选择的。要想使荆各庄矿业公司继续活下去，而且活得更好，只有转型。经过一段时间的深入调研和谋划，王学俊提出了实施三步走，转型走新路的思路。第一步就是“一年打基础”，即从2009年开始，加大储量挖潜力度，努力稳定生产规模，尽量延长矿井服务年限，为荆各庄矿业公司的转型发展提供掩护和支撑。第二步就是“两年求突破”，即从2010年开始，积极搜集市场信息，加强外地考察，主动寻找合作伙伴，尽快迈出开发外部市场的第一步。第三步就是“三至五年见成效”，即从2011年开始，进一步加大外部市场开发力度，做到多点开花、全面突破，不断打造新的经济增长点。

为实现上述目标，王学俊调动各方面的潜力，全力挖掘F3断层煤柱、工业广场煤柱、薄煤层、复采区、边角余煤的潜力，同时坚持亲自指导工程设计，实地查看现场施工，确保了挖潜产量的不断提升，目前已经占到了全矿总产量的90%以上。

比如，在2390柱工作面遇到下山开采、涌水量大、老硐多、断层多等

诸多困难，而且还是一个两次接长、两次缩短的锯齿形工作面，难度大，困难多。如做得不好，𥔲子可能就报废了，全年生产任务也完不成。面对困难和难题，王学俊曾连续八天在井下连班加点，现场办公，深入最前线，制订方案、办法。经过艰苦努力，他们将开滦历史上这个锯齿形多次接缩工作面的2390𥔲顺利安全采出，并多回收出煤炭16万吨，多创效益5000多万元。

2010年3月，王学俊刚在辽宁开完会，就获得了太西煤集团有意请人托管红沙岗矿的信息。为节省时间，提高效率，他立即驱车2000多公里，赶到了位于内蒙古阿拉善左旗的太西煤集团总部。之后，又顶着鹅毛大雪和沙尘暴，在500多公里的沙漠公路上艰难行进了整整一天，才在傍晚时分抵达红沙岗矿。他顾不上休息，立刻下井了解情况，上井后又马上与对方进行谈判。后来，经过多次考察、互相了解、艰苦谈判，王学俊于5月20日代

表荆各庄矿业公司与太西煤集团签订了合作协议，开始正式托管甘肃省武威市民勤县红沙岗矿。

在那段时间里，王学俊在干好荆各庄矿业公司本职工作的同时，每月都要到甘肃工作一周左右，解决生产难题，沟通双方关系，稳定职工队伍，确保了红沙岗矿提前一年投产，月产原煤也很快达到了 10 万吨的水平，既打响了品牌，又树立了形象。

王学俊按照“立足开滦、开拓西北、走向全国”的总体布局，先后考察了甘肃、内蒙古、山西、陕西、辽宁、贵州等地的数十家企业，累计行程 12 万多公里，相当于绕了地球三圈。到目前为止，荆各庄矿业公司先后与甘肃红沙岗矿、内蒙古敖劳不拉煤矿、新疆西沟煤矿、山西胜利煤焦、华烨煤业、印度江基拉煤矿建立了比较稳定的合作关系，同时还承揽了开滦集团内部多个矿的综采、掘进、开拓、综采安拆等工程，对外创收之路越走越顺畅，越走越宽广。对外创收收入以几乎每年翻一番的速度增长，2013 年达到了 1.46 亿元，超过了矿井经济总量的三分之一；企业利润以每年减亏数千万元的幅度攀升，实现了从 2009 年的亏损两亿元，到 2013 年扭亏为盈的历史性跨越。

“开滦品牌”在印度

作者 | 李文忠

2018年3月14日，开滦矿业工程公司与中煤海外开发有限公司、印度GPL公司就印度江基拉煤矿项目合作事宜举行了三方会谈，并成功续签了为期5年的江基拉煤矿项目技术服务合同。这是继2017年2月印方主动续签一年合同之后，再一次与开滦团队扩大合作规模。充分证明开滦人在印度站稳了脚跟，打响了品牌，赢得了市场。

2015年8月28日，开滦矿业工程公司、中煤海外公司、印度佳亚特里项目公司签订了项目合同。开滦矿业工程公司主要负责安装、回采技术指导以及操作维修工作。2016年3月22日，开滦矿业工程公司第一批管理人员和骨干员工组成的安拆队伍奔赴印度江基拉煤矿，正式拉开了国际产能合作的序幕。

创出“开滦效率”

印度大部分地区位于热带地区，一年中大部分时间都是夏季，且 3 月至 6 月是全年最热的时候。江基拉煤矿井深仅为 170 米，井下温度达到 30 摄氏度以上。井下没有通勤车，员工们每天都要冒着高温，步行 2000 多米到达工作面。

工作辛苦、水土不服、语言不通，是开滦人每天都要面对的困难。但开滦团队没有丝毫怨言，没有退缩，意志不沉，干劲不减。

开滦团队立足岗位，开动脑筋，围绕技术难题进行攻关，先后为合作方提出了技术改造建议 10 项，为合作方节约了大量成本投入。其中，仅 LWI 工作面车场改造一项，就节约成本 60 万美元。

开滦团队克服了语言交流不畅、材料用具短缺、高温作业等重重困难，回采工作面月产量实现了逐月提升，平均月产原煤 18 万吨；2016 年 12 月产煤 20 万吨，刷新了印度同类煤矿月产量纪录。

距离江基拉煤矿 2000 公里的印度辛格南尼公司 ADRILAYA 煤矿，使用的是美国先进的采煤设备，但月产原煤仅 10 万吨。该矿矿长得知“开滦效率”后，于 2017 年 1 月初，亲自坐飞机赶往江基拉煤矿取经。

江基拉煤矿在保证原煤产量的同时，工作面质量标准化保持动态达标，当地政府官员及矿方所属公司领导经常去参观，并给予了高度评价。

适应异国生活

在印度江基拉煤矿，虽然有一名中国厨师，但由于当地绿叶菜很少，开滦员工的小食堂里饭菜单一，土豆和洋葱是每天的主打蔬菜。印度帮厨不会做面食，主食就吃米饭和馒头，吃顿包子都极为难得。

刚到印度，开滦员工很难适应印度的饮食习惯，甚至有部分员工还出现了水土不服的症状，但大家依然坚持和坚守，从来没有异常情绪，没有一个人要求回国。因为他们知道，他们的言行举止代表的不仅是开滦，更是中国人的形象。

春节是中国人的传统节日，由于印度不过中国年，矿上也就没有放假。2018 年春节，开滦团队又是在工作中度过的。到了除夕这天，几位印度的帮厨额头上都点了红点，穿得很正式，以示对中国节日的尊重。中国人过年

要吃饺子，印度帮厨不会包，中方团队一共 32 人，只有一名厨师。30 多个人，按照每人吃 20 多个饺子算，一名厨师根本忙不过来。开滦团队就把包饺子的任务分到班组。一共 4 个班组，食堂提供肉馅和面粉，并负责帮大家煮，也让大家感受到了家的氛围。

因为是过年，食堂尽力准备了丰盛的晚餐，有鱼、羊肉、牛肉等，还有印度朋友提供的麻辣鸡块。聚餐会计划晚上 7 点开始，佳亚特里项目部的朋友 6 点多就来了，提前表示祝贺，还带来好喝的拉姆酒，这在当地是挺贵的一种酒。因为语言交流上有障碍，所以印度朋友和中方员工的交流并不多，大家只是一起喝酒庆祝。印度朋友还挨个桌子去敬酒，用现场学的中国话“现年快乐”向大家表示祝贺。

在学中干、在干中学

印度江基拉煤矿使用的设备为中煤海外提供的一整套先进设备，开滦团队第一次接触，维护、使用难度很大。为了尽快掌握维修技术，他们集中组织学习设备原理，遇到不懂的地方，就找主管技术员请教；在试生产期间，他们跟班作业，认真摸索设备的性能，凭借出色的业务能力和夜以继日的强化学习，在不到一个月的时间内就掌握了这套设备的运行原理和调试方法。

由于这套设备是出口设备，设备操作界面和标注大部分都是英文，这就给检修带来了困难。为此，开滦团队就利用所有能挤出来的时间学习中国式英语。比如，在实际操作中他们把操作按钮或手柄动作后显示的英文都抄在小本子上，并记住它控制的单元，升井后和队里管技人员以及厂家人员结合，了解功能和英语表达的意思后，再翻译成中国式英语或者字母简写，例如电机 motor 就翻译成“摸头”，乳化液泵 emulsion pump 就翻译成“EP”，等等，再通过班前会进行广泛传授。通过不断学习，他们出色地保证了各种设备的安全运转。

西部踏歌

作者 | 兰 雪 邹晶晶

“千年的河水万古的风……30 里的明沙 20 里的水”，传唱了 200 多年的漫瀚调，跌宕起伏，潇洒豪放。在内蒙古鄂尔多斯高原东部海拔 1200 米的丘陵沟壑间，有一支属于开滦人的队伍，他们用激情点燃着梦想，用汗水开疆拓土，这就是开滦内蒙古公司的建设者。

有开滦人的地方就是我们的家

位于内蒙古鄂尔多斯市的准格尔旗，矿产资源富集，探明煤炭储量 544 亿吨、远景储量 1000 亿吨以上。2006 年，为践行百年开滦、永续发展战略，集团公司提出了“开发大西北，走进内蒙古”的口号，开滦人第一次踏上了千里之外的黄土地，开启了向西北扩张发展的新征程。

2008年，正是格桑花盛开的季节，第一批开滦人来到内蒙古红树梁矿区，徐飞就是其中的一员，那年他才22岁。十年的光景，西北的风霜将这位青涩的男孩打磨成了铁骨铮铮的汉子。当年在集团公司实习结束后，来到这个千里之外的矿区，随后，妻子也不远万里追随丈夫来到了这片黄土地，夫妻二人决心扎根内蒙古，加入了这个大家庭。时光荏苒，岁月如梭，夫妻俩在这里一干就是十年，从相知、相恋到相爱，红树梁煤矿留下了他们爱的足迹。每当回想起这些经历，他的妻子总是说：“这儿就是我们的家，环境虽然艰难，但是我们却感受着开滦人无限的温暖。”

因为我对这片土地爱得深沉

穿过嘈杂的市区，是通往红树梁煤矿的山路。

这一年冬天，狂风卷集着大雪，两天一夜肆虐着沟壑间的百里矿区，最低气温达到零下26摄氏度，偏远的矿区几乎与外界隔绝。“极端天气是矿山的设备设施易发、多发安全问题的时候，所以越是刮大风、下大雪，越是要加强野外巡视。”机电队队长表情凝重地说。路面积雪厚重的时候，职工们只好停下抢修车齐心协力铲平路面上的积雪，因为他们知道，再长的路、再陡的坡，也要坚持走下去。这样极其恶劣的天气，不知经历了多少次。腿抽

筋、脚冻伤、误入雪坑……他们乐守矿区不言苦，风雪严寒当歌笑。他们在这里延续着开滦人“特别能吃苦，特别能战斗”的精神，红树梁的职工们经常开玩笑说：“为什么我的眼里常含泪水，因为我对这土地爱得深沉。”这是诗人艾青的诗，看似平常却饱含红树梁煤矿建设者们深深的情谊，这里是他们奋战的热土。十年风雨坎坷，十年传承跨越，一路风雨同舟，他们紧密相伴，用辛勤和汗水镌刻着矿山发展的丰碑。

我们的坚守就是为了今天的希望

高耸的井架、现代化的选煤厂、整洁的办公楼矗立在矿区，远期设计能力 1000 万吨的大型矿井已初具规模。勘探、设计、现场施工、现场管理……每项工作都要做，而且都要做好。只有 31 人的建设团队要完成这一系列工作谈何容易，他们既是指挥员又是战斗员。

2017 年 7 月下旬，大雨从凌晨 4 点下到傍晚 7 点，稍有差池矿井就有被冲毁的危险。出现险情人人奋勇向前，冒雨抢险，对村通公路整个排水系统渗水、漏水、冲毁路段紧急维护和修整，尤其是雨后冲毁的路段，仅靠手推肩扛填土就达 220 余立方米。有的同志因此得了重感冒住院，有的同志差点儿被洪水冲走，但是没有一个人叫苦叫累。山西矿院毕业不久的实习生李凡说：“遇到急难险重从来都是共产党员、领导干部冲在最前面……”所以大家发自内心地佩服，率先垂范换来的是众心齐、泰山移。这一年的汛期，31 名同志吃住矿山没有休假，奋斗在抗洪抢险的第一线，防汛期间共使用砂石料 1000 余立方米，人工 3000 个，仅此一项就节省资金 500 余万元。有着 23 年党龄的共产党员老王深情地说：“我们是矿山的建设者啊，我们的坚守就是为了今天的希望。”

十年间，他们书写着属于开滦内蒙古公司建设者们的故事、传奇。就像树木扎根大地，就像种子和泥土相依，风里雨里，千里万里，矿山深深烙印在他们的心里。

盐碱荒滩拓耕人

——记开滦京唐港煤化工园区筹建团队

作者 | 赵玉明

在美丽的环渤海地区，矗立着一座大型现代煤化工园区。走进园区，你一定会被这现代化气息所感染。园区内的道路宽阔整洁，厂房装置鳞次栉比，生产流程高度自动，员工们在宽敞明亮的集控大厅全神贯注地通过电脑操作界面监控全厂设备运转的情况，让前来参观的省市领导赞叹不已。

盐碱荒滩变园区

2004 年以前，这里还是一片盐碱滩涂，建设用地遍布汪洋、野草丛生，几十万方的积水需要外排，一千多亩场地需要晾晒。正是开滦京唐港筹建处的建设者们历经了十年风雨，将曾经的荒漠变成一座生机盎然、欣欣向荣的现代煤化工园区，它的宏伟壮阔，让人们再一次看到百年开滦在新时代的足迹与风采。

开滦集团是一个拥有百年历史的煤炭企业，然而，经过 130 多年的持续开采，这个百年企业不得不面临煤炭资源日益减少的严酷现实。开滦集团审时度势，战略性地提出转型发展，着手打造一个国内一流的煤化工园区。就这样，开滦京唐港焦化项目筹建处应势而生。当时，人员配备还不到位，整个建设团队仅有 42 人，工作环境非常艰苦。办公室是临时搭建起来的活动板房，生活设施极不完备，但是，他们克服人员少、环境复杂、水土不服等困难，奉献在荒滩、奋战在荒滩，谱写了一个从无到有、由黑到白的故事。

建设之路充满了艰辛，开滦构建煤化工产业更是一个充满壮烈与坎坷的史迹传奇。当时开滦还没有煤化工项目建设的先例，他们跑遍了国内各大型焦化企业了解建设经验。2004 年 10 月 1 日，伴随着机器轰鸣声，开滦煤化工项目正式破土动工。“干就高标准，建就建精品。”正是怀着这样一种坚定信念，两年后，一期焦化项目顺利建成。

2006年10月22日，一个值得铭记的日子。焦炉仓门徐徐打开，当红通通的焦炭泻入熄焦车时，现场的人们欢声雷动，很多建设者的眼睛湿润了，只有他们自己知道这第一炉焦的“出生”是多么不容易。其中饱含了他们太多的心血与汗水。他们的苦没白吃，汗没白流，这一炉焦炭彻底改写了开滦煤化工产业为零的历史，翻开了续写百年开滦基业长青的崭新一页。

2010年，聚甲醛和己二酸新材料项目开始筹建，这是开滦从煤化工再到精细化工的历史性跨域，填补了河北省的空白。

2012年8月24日，50年一遇的台风进入渤海湾，正值项目设备安装的关键时期，连夜的暴雨把建设场地淹没成一片汪洋，几千台设备危在旦夕，如果不能及时抢救，损失不可估量。在这关键时刻，筹建处总指挥郑广庆急红了眼，他不顾个人安危，毅然冲入半腰深的雨水洪流中，指挥大家抢移设备。天黑、雨大、风急、水深，睁不开眼，看不见人，听不见声。郑广庆突然深陷泥淖中，经过人们紧急营救，终于脱险。事后，郑广庆说：“不夸张地说，我当时都已经做了死的准备，我决不能让开滦煤化工产业毁在我手

里，不能辜负开滦的信任和重托。”一场不畏风雨的抢险挽救了设备，保护了国家财产，更保住了开滦煤化工产业。以郑广庆为代表的开滦人“特别能战斗”的精神更是催人奋进。

2014 年 8 月 15 日、9 月 10 日，聚甲醛和己二酸项目先后一次投料试车成功，产出首批优质合格产品，并创造了同行业打通工艺流程最短，产出合格产品时间最快等多项先进纪录。

十年的时间，黑色的煤炭在这座园区里，奇迹般地转变为白色的化工产品。10 个现代化的化工项目，形成了年产焦炭 220 万吨、甲醇 20 万吨、粗苯加氢 20 万吨、焦油 30 万吨、聚甲醛 4 万吨、己二酸 15 万吨的生产能力。而今，产业集群、管理集约、规模化、园区化、基地化、低碳化的京唐港煤化工园区，已成为河北省煤化工产业综合规模最大、产业链最长、循环经济水平最优的独立煤化工企业。

一项项工程，凝聚着开滦人顽强拼搏的心血和汗水；一座座建筑，就是矗立于渤海湾上的一座座丰碑。不忘初心，牢记使命，站在新时代的起点上，京唐港煤化工园区将继续带着开滦梦，带着中国梦，向着“行业示范、国内领先、世界先进”的现代化工旗舰企业，劈波斩浪，扬帆起航。

走南闯北的“硬汉们”

——记开滦建设集团地矿工程处的建设者

作者 | 张 磊 田 宁 董泽民

“头顶天山鹅毛雪，面迎戈壁大风沙，嘉陵江边迎朝阳，昆仑山下送晚霞……”在耳熟能详的《石油工人之歌》的旋律中，人们看到了石油工人的艰辛。在开滦建设集团，也有这样一个群体。

他们凭借先进的技术设备和高标准的工程质量，率先走出开滦内部市场，经过多年的打拼，创出了自己的品牌。

他们如永不止步的拓荒者，通过他们的双手，让一块块荒无人烟的煤田焕发出勃勃生机。

他们日夜奋战在最艰苦的地方，用坚韧的意志和宽阔的胸襟诠释了开滦人“特别能战斗”的精神。

他们，就是开滦建设集团地矿工程处的建设者——走南闯北的硬汉！

扎根西北创品牌

大西北的冬季，给人的感觉就是彻骨的冷，最低温度达到零下 30 摄氏度，狂风卷着黄沙刮得看不见人，几乎天天不停。用“一年一季风，从春刮到冬”来形容大西北的风是最贴切不过的了。

在海拔 1400 多米的宁夏大地，来自开滦建设集团地矿工程处第三项目部的硬汉们，顶着风雪，克服着不同程度的高原反应，奋战在施工一线。自地矿工程处承接神华集团石槽村煤矿副井井筒地面预注浆工程，首次进入宁夏市场以来，员工们便肩负着“开拓西北市场，打响地矿旗号”的使命驻扎在了这片西北大地上。

施工初期因为对施工区域地质条件缺乏了解，工程进展很不顺利，岩层严重破碎失水造成多次埋钻、卡钻等事故，影响和制约着工程的整体进展。为了鼓舞士气，增强信心，扭转被动的施工局面，项目部经理王贺龙每天白天一次生产安全会，夜间 12 点一次班前安全会，与全体员工一同总结经验教训，分析地层条件，积极采取应对措施，比如对泥浆冲洗液的调整，使用聚丙烯酸钾、腐殖酸钾，以及优质膨土，等等，有效解决了因造孔失水造成的埋、抱钻事故的发生，从而为造孔注浆下塞、返塞创造了良好的施工条件，有效地提高了生产效率，降低了事故的突发率。

机修主管崔铁岭、冯兰田带领机修全体人员不分昼夜保生产、保运行。他们不怕艰苦，冒着零下 30 摄氏度的低温检查供电线路，排查设备隐患，抢修运行设备，手冻肿了，贴一贴橡皮膏，身体被泥浆喷成了泥葫芦，用冰水洗把脸继续工作。他们既要保运行的注浆泵又要维修造孔设备，人员少，工作量大，但从没有怨言。他们在机修工作岗位上发挥了积极作用，使设备完好率达到 100%。注浆员张秀明、李国生对新地区的注浆工作投入极大的工作热情，他们分析地层条件，掌握地层含水位置及其特点，有针对性地设计注浆位置，及时控制注浆压力、注浆流量，严格把好质量关。导斜、纠斜人员康勇跃、王利伟为保证注浆孔个个合格，不分昼夜纠偏导斜，严密监控钻孔的变化，从而较好地控制了钻孔的走势。

项目部员工共同努力，仅用一个月注浆量就达到了 7000 立方米，比前几个月注浆总量还多 1000 立方米。这支坚忍不拔、不畏艰苦的“先行军”在受到了甲方赞誉的同时，还被地矿工程处上下称作“西北钻场的硬汉们”。

齐心协力克难关

“远看逃难的，近看勘探的。”话虽然夸张，却反映了地矿施工环境的艰苦状况。头顶蓝天，脚踏荒地，那种孤独感最让人难熬。但他们继承了开滦人“特别能战斗”的精神。

淮北信湖煤矿副井井筒地面预注浆工程直孔段的施工，上钻开工时，便遇到了交通不便、设备进场困难、人员短缺、天气多变、工期紧、工程质量要求高等诸多不利因素。为了扭转被动的施工局面，领导班子带头攻关，解决难题，每天和项目员工一起战风雨，斗酷暑，白天盯现场，晚上和技术人

员一起研究施工对策，制订施工方案。

复杂的地质条件，是项目部遇到的又一个难题。项目部经理李云飞介绍说，在祁南煤矿注浆钻孔钻到500多米时，突然遇到了岩石破碎带，注入的泥浆护壁几乎不起任何作用，只要钻杆提升就会出现坍塌。6号孔的坍塌情况最为严重，鸡蛋大小的碎石不时地掉落，极易卡死钻具。晚上七点多，正当6号孔的员工操作钻机打孔时，钻机突然停止了转动。究竟什么情况？是孔壁发生了坍塌还是遇到了其他问题？钻头、钻杆有没有损坏？施工还能否继续？一个个问题摆在现场施工人员面前。

当时，已经下了班的两名经验丰富的机长沈新田、陈久清得知钻机停转的消息后，顾不上一天的疲劳，马上赶到了现场。经过仔细地查看分析，两人一致判定是钻孔碎石掉落后将钻具卡死，如果采取措施不得当，极易造成钻具断裂。深达500多米的地下究竟是什么情况，谁也拿不准，只能靠经验一点一点尝试。沈新田、陈久清小心翼翼地操作钻机反开，稳稳地控制着钻机的转速和提升力度，看着钻杆一点一点缓缓提升，最终成功提升了钻具。

为了彻底解决碎石卡死钻具的问题，沈新田、陈久清接连几天盯在现场。当时正值隆冬时节，夜晚温度虽只有零下四五摄氏度，但较北方湿度大，异常寒冷，众人只能守在一个小火炉旁取暖。“火烤胸前暖，风吹背后寒。”直到第六天，难题终于得到彻底解决，施工进度也恢复到正常水平。

在全体员工的共同努力下，项目部仅用48天便完成了风井直孔段的注浆工作，比合同工期提前24天。淮北矿务局祁南二矿筹备处专门发来贺信赞誉地矿工程处“是一支技术力量强、善于打硬仗的特别能战斗的队伍”。

临危受命挽狂澜

2012年以来，煤炭形势持续低迷，煤炭市场竞争激烈，给地矿人带来了不少压力，但他们创新工作方式，转压力为动力，转危机为生机。大力进军地灾治理、井下钻探、物探、地勘市场，形成了较成熟的专业施工队伍，突破以往经营管理模式，大胆尝试项目承包，逐步实现了施工转型。

第二项目部施工的崔家寨地面直通钻孔工程，甲方要求一个月完工，工期紧、任务重、施工难度大。2018年4月20日项目经理任永良带领项目员工加班加点安装钻塔，组织上钻施工，上钻期间却偏偏遇上连日阴雨，项目经理任永良亲自上阵指挥生产，泥里雨里摸爬滚打，鼓舞了员工们的士气，克服各种困难，于2018年4月28日顺利开钻。

这项工程是地矿独立施工的第一个大口径钻孔，施工难度较大，施工过程中还遇到了煤层坍塌、漏水等困难地质条件，项目部班子集体讨论研究，改进了施工工艺，克服了困难，在2018年5月8日圆满完成所有施工任务。

终孔孔深312.17米，终孔下入 ϕ219mm 套管，完美完成施工任务，得到了甲方的一致认可，为崔家寨矿的安全生产提供了可靠保障。工程结束后，崔家寨矿为地矿第二项目部发来感谢函，充分体现了甲方对该工程的满意度。地矿工程处第二项目部，通过崔家寨矿地面直通孔工程，为地矿赢得了声誉，积累了更多在该领域施工的经验，为地矿工程处在大口径钻孔施工方面打下了夯实的基础。

搏击东西南北，驰骋万里江山。开滦建设集团地矿工程处的建设者们，必将以永不停歇的脚步，继续诠释开滦“特别能战斗”的精神，谱写出更加华丽的篇章！

一名老矿工的塞北情结

作者 | 董圆圆

朴实的容颜、敦实的身材和憨厚的笑脸，刻画出了塞外崇山中一位矿山汉子棱角分明的形象，也正是因为经历了太多的风吹雨打，才让这位汉子具备了极强的忍耐和坚毅的优秀品质。他就是开滦集团特等劳动模范、开滦集团优秀共产党员、张家口市五一劳动奖章获得者、开滦集团蔚州矿业公司崔家寨矿综采二队工长张国华。

张国华自 1986 年参加工作以来，已在煤矿奋斗了 30 多个年头。从在唐山的开滦荆各庄矿调到在张家口的开滦蔚州崔家寨矿，无论从事何种岗位，他的奋斗足迹都感染了身边的每一个人。是金子，放到哪里都会发光！

功夫不负有心人

刚参加工作，张国华被分到荆各庄811采煤队，811采煤队是当时的全国煤矿炮采第一名，区长是全国五一劳动奖章获得者，正是这伙老前辈的感染，让他下定决心，一定要学知识，学技术，尽快掌握本领。从那时起，上班时，他虚心向师父请教，抓住一切机会实践操作，积累经验；下班后，就一头钻进图书室，学习地质构造，弄懂弄通技术原理。有时，他还请求师父给他“开小灶”。凭借这股钻劲儿、犟劲儿，很快，张国华从青年员工中脱颖而出，一年后被提升当上了组长。

临危受命挑大梁

2001年，张国华作为支援蔚州建设的第一批骨干来到了千里以外的塞外蔚州。当时开采的第一个工作面，就遇到了淋水，工作条件异常艰苦，加上交通不方便，两个月才能回一次家，张国华班的班长因为条件艰苦辞职回了家，他临危受命，带着大家一干就是18年！

崔家寨矿自2012年开始回采一煤工作面，一煤顶底板破碎、两帮劈帮严重，并受小煤窑巷道破坏，时常有掐架、冒顶情况发生。为了尽快达到正规循环，张国华每天下井10多个小时观察地质条件，并多次放弃休假，和队里技术人员不停地研究制定措施和解决办法。最后，在他的带领下，回采一煤工作面达到了月产12.5万吨，多次刷新一煤回采纪录。在一次次困难面前，张国华不气馁，不急躁，他总说：“总会有办法的，我们不能放弃！”就是在这样的坚持下，他每次都带领大家出色地完成生产任务，而且还带领大家完成“五小”创新、技术创新20多项。他根据不同地质条件会出现的情况，总结整理成文字材料，为后人留下了书本上都学不到的宝贵经验。

为了责任留下来

18年，一个年青壮实的小伙子变成了一个睿智、沉稳、干练的老工长，两鬓角的斑斑白发印证了他在千里之外的辛苦和收获的幸福。

18 年，他有两次回唐山的机会，但，两次，他都留了下来。

第一次，他为了责任留了下来。

2014 年 1 月初，根据两级公司人事政策，外埠单位唐山籍工人可以按照打分排名调回唐山，当时的张国华和家里人商量后，报了名。无疑，得分排名第一的他当之无愧地可以调回唐山，可是，就在调令下来的那天，他来到了人事部，说：“我不回去了，队里现在离不开我，我最熟悉现在的工程进度，我不能走！”就这样，他怀着内疚的心情和家里人商量后，义无反顾地留了下来。就在那一年，张国华所带的班组单产水平连创 4 次纪录，矿党委书记把贺功的锦旗亲自交到了他的手里！

第二次，他为了感恩留了下来。

2016 年初，离岗等退文件下发后，亲戚朋友多次劝他：“在煤矿干了一辈子了，现在效益也不好，回家休息挣得也不少，别再下井了。”面对亲人的期盼，他又一次毅然选择留下来，因为他知道现在是集团公司转型升级、蔚州公司抢抓机遇扭亏脱困的关键时期，是企业最需要他的时候。企业培养他一步步走到今天，决不能辜负领导的信任和厚望，他要带领团队为企业分忧，为矿山发展添力。正如他所说的那样：“人，要懂得感恩，矿山给了我这

么多荣誉，我要感谢我的矿山，我唯一能做的就是留在这里，把我的技术贡献给矿山！”

所有困难都没有难倒张国华，在走过艰难和挫折之后，收获的是成功的喜悦，是激动的泪水，是捷报频传：2017年4月8日，单班割煤7.5刀、进尺4.5米、产量0.3万吨；4月16日割煤16刀、进尺10米、产量0.55万多吨；仅4月份，单月推采251.5米，完成产量12.72万吨，创造了全矿回采一煤的神话。这一串串的数字无不证明了张国华的奋斗足迹和人性的芬芳！张国华如同一块乌黑发亮的煤炭，燃烧着自己，照亮、温暖着别人。

昔日烟子池变身净水厂

作者 | 饶小明　刘立伟

唐山市古冶区有个地方叫“烟子池”，老一辈人都知道开滦煤矿林西矿曾有多个沉淀池，矿井排出的水在此沉淀，沉淀的煤泥被当地人称为“烟子”，“烟子池”由此而来。

过去，脏乱差是这里的显著特征，路人走过这里都要跺跺脚、拍拍身上的煤尘。

现如今，虽然古林路上仍矗立着“烟子池”的公交站牌，但却早已不见“烟子池”的踪迹，展现在人们面前的是一座风景如画的现代化水处理厂。

水是生命之源，但早期的煤矿以生产煤炭为主，对矿井水的利用几乎无人问津。新中国成立以来，在改革开放的大旗下唐山经济快速崛起，城市人口数量迅速增长，作为我国缺水最严重的六个城市之一的唐山市水资源供需矛盾也变得越来越突出，矿井水便成了不可多得的宝贵资源。

进入 2007 年，历经百年开采的林西矿因资源濒临枯竭进行了破产重组，新公司深刻认识到绿色发展、循环发展的重要性。确立了“稳固主业、循环经济、多元发展”的思路，将矿井水利用作为转型发展迈出的第一步。经过紧锣密鼓的准备，2007 年 5 月净水厂建设正式拉开帷幕。

净水厂由清华同方股份有限公司进行设计，日处理能力为 3.9 万吨。项目分两期建设，一期工程主要包括两座蓄水池、水泵房、供水设备及开滦热电和东方电厂供水管路；二期工程包括预沉池、高效澄清池、V 形滤池及其他设备。项目具有设计简单、工艺先进、适应性强、处理效率高、自动化程度高等特点，处理后的水质可以满足电厂对工业用水的质量要求。

项目建设并非一帆风顺。净水厂一期工程开工建设就出现了技术和施工人员的严重不足。在这种情况下，公司在各单位抽调精干力量组成了临时工作组，专门负责项目管理，他们白天盯现场，晚上研究图纸、查阅资料、补充专业知识，严格控制工程质量，把工程组织得井井有条。施工最为紧张的时期正是天气闷热的 8 月初，施工人员在 38 摄氏度的“桑拿天”运设备、

注意安全

搬材料，工地上没有大型起重设备，工人们用自制的三角架挂上手动“倒链”，慢慢地把设备吊离地面，下面铺上滑轨，前面几个人用绳子拼命拖拽，后面的两个人弯腰屈膝用撬棍一点一点地撬动，每个人的工作服都被汗水浸透紧贴在身上，嘴里喊着口号“天气热呀嘛吼嗨，加油干呀嘛吼嗨”，每向前移动一步这群铁汉的头上都有大颗大颗的汗珠落下，滑过脸颊的汗水没来得及擦拭就凝结成了盐……这群铁汉在没有大型起重设施的条件下，硬是用简单的工具把一台台重达千斤的设备运进厂房。正是在这群开滦人的共同努力下，仅用了半年时间就完成了一期工程建设。

2009 年 10 月完成了所有工程建设施工，一次性通过了竣工验收和环保验收，并成功实现了对开滦热电和东方电厂的供水，使矿井水资源的综合利用率达到了 70%。

林西矿对矿井水的利用，并没有因实现对开滦热电和东方电厂的供水而终结。在河北省要求关停自备井的政策下，矿井水利用被提升到了一个新的高度，2016 年在古冶区政府主导下，对净水厂一期工程进行了改扩建，增加了一座 5000 立方米的水池、供水设备、管路以及供配电等设备设施，实现了对唐山市国义钢厂的供水。

投之以桃，报之以李。现在的净水厂已是花草遍地，绿树成荫，路边的水池清澈见底，水中的锦鲤游来游去，再也觅不到昔日烟子池的踪影，反而成了煤矿里的生态园。净水厂的建设不仅以每年 600 多万元的利润成为当前林西矿非煤产业的重要支撑，而且实现每年减少固体物排放量 1466 吨、减少化学需氧排放量 879 吨，为唐山市的“蓝天工程”尽了一份力，也为缓解唐山地区的缺水问题做出了贡献。金山银山不如绿水青山，林西矿净水厂的建设功在当代、利在千秋！

超滤装置
(UF)

第三篇

改革创新

企业发展，根本在人才，关键在创新。开滦人把创新驱动战略作为企业立身之本，深化改革创新，大力挖潜增效，广大职工立足自身岗位，积极开展创新创造，取得了丰硕成果，涌现了一批批改革创新的先锋。

开滦煤化工产业的领军人

作者 | 宋佳伦　周慧娟

开滦集团在推进企业的转型发展中，将煤炭产业链条延伸至煤化工领域。这就是唐山中润煤化工有限公司诞生的历史背景。十多年过去了，中润公司在徐贺明和领导班子的带领下，已经成长为一家年产焦炭 220 万吨，甲醇 20 万吨，精制粗苯 20 万吨，可生产化产品 40 余种的综合型煤化工企业。从最初的单独依赖焦炭产品，到如今的“多条腿走路”，企业的发展之路越走越宽，抵御市场风险的能力越来越强，成为开滦这家百年企业转型之路上的一座里程碑。

转型新领域

对于一个老牌的煤炭生产企业来说，发展煤化工产业是一项充满风险的挑战。陌生的行业、陌生的市场、陌生的技术，需要投入大量的人力、物力，能不能把事业做成，大家心里都没底。

重中之重是要给企业选一个优秀的带头人。因为煤化工对于开滦集团来说是完全陌生的领域，所以集团公司领导决定打破以往内部选任的做法，首开先河面向社会招贤纳士。选人的关键标准有三条：专业精通、懂经营、会管理。眼看企业开工投产的日子已经临近，谁是满意的人选呢？

徐贺明进入了开滦领导的视野。他凭借自己在焦化行业二十年的技术积累和对煤化工行业发展的独到见解，给开滦人留下了深刻的印象。经过层层选拔，他在众多竞争者中脱颖而出，成为开滦引进的首位担任企业负责人的技术专家。中润公司十几年来的发展，也证明了这是一次正确的选择。

中润公司历史上面临的第一个危机时刻是在开工投产的那一天。经过四年谋划、两年的前期建设，终于迎来了焦炉装煤点火的时刻。

开局意外　果断研判　转危取胜

焦炉点火是焦化企业开工的关键，鼓风机能不能顺利启动更是关键中的关键，而焦炉产出足量的煤气是鼓风机启动的前提。这一切能不能顺利完成，在场的集团领导和中润的建设者们手心里都捏了一把汗。

然而，由于设备缺陷，点火后，焦炉炭化室装煤后炉门密封不严，大量火焰从缝隙喷出，造成煤气大量损失。时间久了，火焰的高温很快就会烧坏护炉铁件，甚至损坏炉体，使两年的建设成果毁于一旦。迅速启动鼓风机为焦炉炭化室降压成了唯一的选择。但是，由于煤气量严重不足，鼓风机无法开启。近在咫尺的投产被突如其来的变故搅得扑朔迷离，大家的心一下子紧张起来。

这时，在现场指挥的徐贺明没有慌乱，凭借多年经验和对焦炉性能的透彻研究，他做出了一个让在场所有人吃惊的决定：采用倒置换的方式把烘炉煤气反向送入煤气管道，使管道里充满煤气，人为创造鼓风机开启的条件。

“有把握吗？！从来都没听说过，能保证安全吗？”

“万一管道爆炸那就是火上浇油，后果是灾难性的。”

人们充满疑虑和担心的目光一下子全集中到了他身上。

一秒、两秒……炙热的火焰仍在猛烈地灼烧着炉门，紧张的气氛几乎让人窒息！他想起履职前夕，领导握着他的手说，“你是行业专家，开滦的煤化工就交给你啦”！这胜似压力的嘱托，激发了他骨子里那种激情！

然而，采用倒置换的方式人为创造鼓风机开启的条件，在行业内没有成功的经验可以借鉴，如果失败就要承担炸毁设备的后果。顶着巨大的心理压力，他重新梳理了一遍思路，然后掏出手机迅速咨询了几位焦化专家。电话挂断，他眼中的疑虑变成了刚毅和果敢，为了保证顺利投产，他下定了决心。只见他把手一挥，说道：“我想透了，没问题，干吧！”在场的人似乎都受到了感染，内心的焦虑和不安化为了坚定，大家迅速组织分工，小心翼翼地开始操作。

置换、取样、爆发实验……到了启动鼓风机的那一刻，所有人的心都悬了起来。“一秒、两秒……”大家心里默默地数着。

成功了！爆炸没有发生，焦炉转危为安，中润公司跨出了历史性的一

步。徐贺明的脸上也终于露出了笑容。

成就斐然　主动推进绿色环保

煤化工生产伴随着废水、废气和固体废弃物的产生。徐贺明带领中润公司借鉴先进煤化工企业的经验，牢牢把握“循环经济、绿色化工”的发展方向，通过尝试运用煤化工领域的新技术、新工艺，大力推进基地化、规模化、上下游产品链式联接及延伸、副产品回收复用和蒸汽、水资源的梯级利用，不断探索推进循环发展的途径。

以七大循环系统为标志，形成了园区循环发展的绿色煤化工产业格局：一是干熄焦项目通过回收红焦显热产生大量蒸汽，用蒸汽进行发电，可用于整个园区，实现了能源的清洁利用。二是甲醇项目通过对焦炉煤气进行深加工，最大限度地提高焦炉煤气的利用价值。三是甲醇项目产生的废气——弛放气，一部分送到炼焦分厂用于焦炉加热，用以置换焦炉煤气，从而提高甲醇产量；另一部分弛放气作为氢源用于苯加氢项目的制氢系统，减少苯加氢的制氢投资，降低运行费用。四是干熄焦项目和甲醇项目产生的大量蒸汽，并入公司蒸汽管网，通过蒸汽分配站供生产系统使用。五是净化分厂鼓冷工段的产品焦油，经过 30 万吨 / 年煤焦油加工项目加工处理后产生的洗油，又可作为净化分厂粗苯工段洗苯的重要原料。六是从生产系统中回收的工业废渣、废气，全部送到备煤分厂，掺入原料煤中再返回焦炉炼焦。七是焦化项目产生的有机废水，研究开发了污水深度处理系统，经过深度处理后的水指标远远优于国家排放指标，达到了生产用水的指标要求。

通过七大循环系统，园区内实现了水、煤气、蒸汽、氮气、压缩空气、甲醇弛放气等介质 100% 综合平衡利用，实现了“绿色科学发展”目标，初步建成了“绿色环保、循环发展”的新型现代化煤化工企业。

开滦煤化工研发创新的探路者

作者 | 孤竹君

开滦煤化工研发中心主任王亚涛是全国煤炭行业杰出青年科技工作者，是开滦煤化工研发领域创新的探路者。多年来，王亚涛带着他的化工材料、能源环保技术创新团队，将技术创新的道路越走越宽，取得了多项技术创新成果。

负重托　研发创新勇担当

2008 年，国际金融危机爆发，我国迫切需要调结构、转方式、搞创新、促升级。9月，开滦股份公司启动组建“煤化工研究开发中心”计划，致力技术吸收和自主创新，王亚涛负责研发中心筹建。由煤质检验跨领域到煤化工研发，一切从零开始。工亚涛来到距唐山市区百余公里的开滦京唐港煤化工产业园区上任。他组织协调，找专家、找人才、找项目筹建研发实验室。2009年6月5日，研发中心正式挂牌成立，他瘦了近20斤。针对原开滦考伯斯炭素化工公司沥青销售困难，王亚涛凭着多年煤质分析积累和煤化工专业思维，查阅大量资料和调研市场后，提出开滦沥青配煤用于炼焦生产，并组织赴冀北某钢企学习交流。经过不懈努力，沥青实现科学配到炼焦煤中，技术难题得到解决，产品实现外卖销售，他也打响了研发创新的第一枪。研发中心地处偏僻，引才困难，王亚涛提出“人员借调、实践培养、成才引才”的人才培养管理理念，陆续从生产一线选拔了数名以硕士为主、本科为辅的优秀青年投身研发创新中。王亚涛还在专业知识方面不断求索，攻读了材料科学与工程专业博士，一批批青年在王亚涛的培养下快速成长为研发创新的骨干。

不懈怠　一心扑在研发上

王亚涛说:“我有四个家，一个在庄里，一个在市里，一个在所里，一个在路上。”

庄里的家是石家庄附近王亚涛父母的家。虽然经常去那儿出差办事，但他很少能够抽出时间回家看望父母。市里的家是他在企业附近的三口之家，只是王亚涛无暇顾及。妻子全力支持，让他可以安心工作。

10年里，王亚涛始终准时出现在京唐港研发基地，始终按预定计划奔波在外出调研的路上，行进在一个个研发关键节点、一条条研发创新路，他走了20余个省市自治区，拜访国内有特色煤化工新材料领域的高校及科研院所、重点企业。

2001年元旦放假结束，一名从外地回来上班的员工收到了王亚涛的邮件，发件时间竟是1月2日凌晨两点钟，也就是说这天他又工作到凌晨。

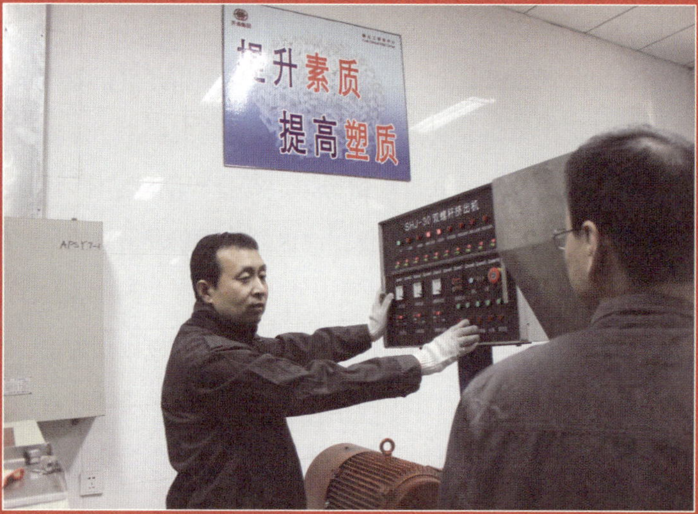
提升素质
提高塑质

勇于改变
塑造未来

王亚涛主持了开滦煤化工的煤炭转化、清洁能源、煤化工产品下游精细化学品合成及分离、高分子材料合成加工应用、三废处理等 8 个专业领域的 30 余项研究攻关课题，取得一系列处于国际先进水平的科研成果，获授权发明专利近 30 项，起草国家、省地方标准 10 余项，获各级科技奖励 50 余项，15 项成果实现产业化应用，实现了开滦煤化工产业链由焦化、气化到精细化工、清洁能源到新材料再到高分子纤维的延伸、升级，累计为企业节支创效 10 亿元以上。

借外力　他山之石搞研发

王亚涛跨领域白手起家，足迹遍布全国，为开滦煤化工研发创新引智借力。他以诚待人、以诚动人，为了一个新项目跑上十几次。一次，有个新项目需要北京一位石化资深专家审定，他多次电话联系，都被对方婉拒。当得知对方正在老家休养，他当即赶往北京那位专家的老家，下了高速，又在坑坑洼洼的土道上走了 2 个多小时，才到达那位专家在房山区一个小镇的住宅，老专家深受感动，项目也最终获得通过。

“在我们与高校、科研院所的合作中，一定是我们做主导。”伴随着研发中心结出的颗颗硕果，王亚涛紧密结合企业发展规划，择优深入推进科研成果的落地生根、转化创效。他埋头苦学工程建管知识，担起多个项目主要负责人重任，紧盯国内首套年产 500 吨聚甲醛纤维、年产 50 吨聚萘二甲酸乙二醇酯等产业项目进展，带领技术人员跑现场定厂址、跑工厂选设备、跑设计院谈规划。“我们的人员不仅是研发员、实验员，更是设计员、工程员。”王亚涛踌躇满志地说，“我们一定能走出一条自主知识产权的绿色创新发展之路。”如今，以研发中心为依托的开滦化工科技公司已经成立，“产学研用科工贸”七位一体的创新体系已见雏形。

执着 40 年成就液压支架大师

作者 | 朱学文　张冀光

开滦集团钱家营矿业公司液压支架班长崔志刚，16 岁入矿，40 年来，始终从事液压支架工作。简单的事情重复做，你就是专家；重复的事情用心做，你就是赢家。崔志刚就是这样，以较真、执着而享誉百里煤海，又因多项专利在全国各大煤机厂都颇具知名度，成为钱家营矿业公司乃至开滦集团首屈一指的液压支架大师。他发明的国家专利填补了多项国内外技术空白，获“煤炭行业技能大师”“全国工人先锋号”“河北大工匠”等多项称号。

波兰专家佩服的中国小伙

20 世纪 80 年代末，钱家营矿引进了一批波兰公司液压支架，一开始验收时，波兰人看着年轻的小崔认认真真、一丝不苟的样子，傲慢地直摇头，后来竟坐着专车回了外招宾馆。第二天，当再次面对波兰专家时，胸有成竹的小崔像倒豆子似的，一边比画着一边和翻译叙述验收一天的结果：这里，液压缸的镀层有 0.4 毫米磕碰，会因锈蚀影响支架的使用寿命；这里，缸径公差超标 0.2 毫米，使用时间长了会造成漏液……随着翻译的叙述，两位波兰专家看着这个满身油污的中国小伙，频频点头，态度大变，并谈到这种 0.2~0.5mm 的镀层碰伤，光用肉眼几乎是难以发现的，只能够用手一点点地触摸才能检验出来，而这可是他们国内的高级技师才有的绝活。

在集团公司总部，年轻的小崔成了谈判桌上唯一的工人，也是被波兰专家频频竖起大拇指夸赞的人。最后，因立柱镀层碰伤、缸筒公差不达标、胶管压力不达标等问题，外方心悦诚服地赔付了价值 26 万美元的配件。不但如此，一个波兰专家还一改惯例，把他带到在中国的分库房，说道："崔先生，这里的东西，26 万美元中你随便挑，我佩服你，中国小伙！"

随着液压支架国产化的发展，国内煤机企业也如雨后春笋般涌现，崔志刚也慢慢地把重点放在了国内。如今，在国内煤机厂的蓝领中有这样一个说法，验收支架，全国的煤矿就怕开滦的验，开滦的煤矿就怕钱矿的崔师傅验。国内一位知名的煤机厂领导曾这样说："我们的综机质量过硬、我们的售后低投诉，甚至是我们跻身煤机一流，都和崔志刚十年如一日认真给我们挑毛病分不开。他的每一次验收，我都安排很多一线骨干参加他的特殊培训，他的每一条合理化建议，都是代表矿山一线最权威的声音！"

一线权威　国内专家

2008 年，河北省首条 300 万吨生产作业线在钱矿配套，由于现有高端支架体积和重量不匹配，不能进入罐笼和巷道，无法到达工作面，直接影响

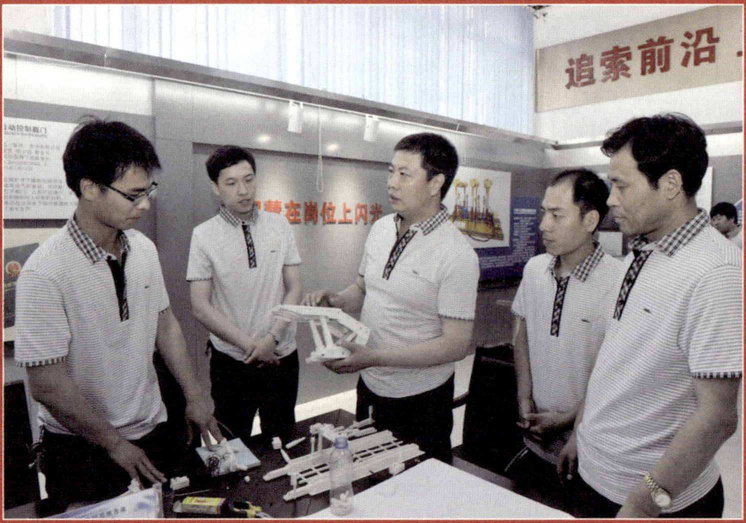
追索前沿

到300万吨作业线的安装。他主动请缨，以多年积累的经验，采用反算的方法，画了20多张草图，整理数据近300个，确定了新的立柱缸径和连接形式，并配套设计了装车固定耳及限位块等装置，给厂家拿出了一整套包含详细数据的设计方案，破解了难题，保证了300万吨作业线的顺利投产，而厂家团队的设计草案还没有出炉。如今，经他优化改进的2.0版已经投入使用，改型后的高端支架，用两组双活塞液压缸代替四组单活塞液压缸，不但材料、安装成本大幅降低，还实现了液压支架侧护板的双侧可调、免换向可在井下直接倒面，每个工作面节约直接成本120万元，节省倒运时间20天，填补了国内外技术空白。

2010年以来，崔志刚以液压创新工作室为平台，以“勇做矿山工匠、推出开滦专利、打造大师品牌”为己任，带领团队完成攻关成果78项，23项获国家专利，小革小改360项，综合创效5800多万元。研发的矿用立式可旋转液压拆装机，提效2.5倍，年节约修理费200多万元；研制的乳化液过滤装置为公司累计节省外购资金106万元；研制的井下工作面快速起吊平台，提效10倍以上；研发的适用于小型巷道的高端液压支架，在海峡两岸职工创新成果展上代表河北省摘得金奖；研制的矿用大型液压支架组装平台，组装效率提升3倍，在国内煤矿广泛应用，现在已经更新到第四代。

年过半百的崔志刚，对液压支架仍在投入全部的身心！

从农民工走来的技能大师

作者 | 王玉生

辉煌业绩 始于垒土

1987 年走出大山，1993 年成为开滦集团公司第一批转为合同工的农民工，1998 年荣获开滦集团公司技术拔尖人才称号，2010 年被评为河北省优秀班组长、荣获河北省五一劳动奖章，2012 年荣获全国五一劳动奖章、全国煤炭工业系统劳动模范、河北省突出贡献技师、煤炭行业技能大师，2014 年获国务院政府特殊津贴专家……这些荣光记载了王春坡从农民工成长为技能大师的艰辛历程，书写了他对矿山的无上情怀。

最初，王春坡和同乡 28 人被分配到开滦唐家庄矿采三区“矿山铁汉”艾有勤的“红旗班”。每天看着艾班长的“包公脸”，听着隆隆的马达声，看着源源流淌的乌金，王春坡的心灵受到强烈的震撼，他看到了开滦特别能战斗的精神，明白了怎样当好一名合格的矿工，懂得了坚持、责任、奉献……面对每天周而复始的工作程序、超强度的体力劳动、无规则的工作时间和突发的危险因素，一些同乡适应不了井下艰苦的工作环境，便悄悄地卷行李回了家，一起来的同乡只剩了 10 人。

钻研实践　检修行家

1990 年底，王春坡整组到了吕家坨矿采六区，干起了支架检修工。为了尽快掌握支架检修技术，他四处找来有关支架的图纸和书籍，把图纸钉在宿舍墙上，连吃饭时也要看几眼，从支架的技术特征、结构特点到工作原理，从液压系统到操作方法乃至故障判断与排除，对书中综采液压支架的每个定义和操作方法反复看、认真揣摩。工作中，他按照书上讲的知识反复进行实际操作。晚上下班，他一头扎进宿舍，根据当班工作中遇到的各种问题与书本一一对照，认真总结经验教训，有时一学就到凌晨三四点钟。几年下来，王春坡几乎翻遍了能够找到的所有有关液压支架的资料、书籍，凭着这股钻劲、韧劲，熟练掌握了综采支架检修技术，并顺利通过了公司首批支架技师考核，成了一名名副其实的综采支架检修行家里手。

技改技防　“跪”出专利

时光荏苒，吕矿公司经过几代人的拼搏，终于实现了水旱转型的华丽转身，掀开了向综采高效矿井跨越的新篇章。这时的王春坡又把工夫全部放在了事故预防和科技攻关上。一年春节，因当时支架工少、检修任务重，为保证节后正常开工，他在井下工作了 20 多个小时，直到设备全部检修完才上井。当时矿灯的电都快用完了。回到家，妻子心疼地说：“大过年的，别人都一家子团圆吃年夜饭、看春晚，你倒好，一出去就是一天一宿。”当妻子给他端来饭菜时，王春坡已靠在沙发上睡着了。在王春坡的诸多发明革新中，有一个被工友戏称为“跪出来”的专利。熟悉综采的人都知道，支架液压系统回液阻力较大时，极易造成采面支架大范围的自降，甚至导致工作面的冒顶事故。为了解决这一问题，他每天克服空间狭小的困难，在支架间钻来钻去，有时甚至要跪在架脚上两三个小时，这一“跪”就是十几天。终于，经过反复测试，他研制出了液压系统自动卸载装置，使回液系统压力过高时能够自动卸载，有效解决了支架自降问题，确保了安全生产，液压系统自动卸载装置获得了国家专利。

传帮带学　培训人才

公司水旱转型后，综采人才短缺问题显现出来。他主动请缨带徒弟，得到了公司领导的支持，建立了“王春坡工作室”。从此，轮休日成了他在工作室的“充电日”“攻坚日”，他几乎把所有的业余时间都放在了研究课题、组织学习培训上。为了把自己的支架检修经验编制成教材，他悄悄学起了电脑。对于年轻人来说这算不了什么，但对于一个已经“奔五”且只有初中文化的井下工人来讲，困难可想而知。他坚持一边利用休息时间学拼音，一边用“一指禅”笨拙地在键盘上敲打。一份 3000 字的培训材料，他足足打了

5 个半小时。就这样，他硬是编写出了一本 35 万余字的《综采液压支架检修实用手册》，还在 2016 年考取了河北能源职业技术学院煤矿开采技术专业大专班。现在“王春坡工作室”已经成为综采培训基地，成为综采支架工提高技能、掌握技术、传播知识的平台，被评为煤炭行业技能大师工作室、河北省职工创新工作室、河北省工人先锋号。

发明大师的动力源

作者 | 韩 笑 董 辉

专利大师创效数千万

46 岁的龙大鹏是开滦集团信控中心自动化控制科电工高级技师，参加工作 25 年来，参与自动化技术创新项目 40 项，累计为集团公司创造效益 2000 多万元。他独立设计研发的“空压机全息智能控制无人值守系统”“视频自动巡视车远程无线监控装置”在集团公司多个生产矿井推广应用；他制作的“煤矿综合信息化自动化高仿真实训平台”，被河北能源职业技术学院作为教具使用。龙大鹏先后获得 1 项国家发明专利授权、8 项国家实用新型专利，并被评为煤炭行业技能大师、河北省能工巧匠……

新发明百倍安全高效

龙大鹏的发明灵感全部来自生产一线。20 多年来，龙大鹏走遍了开滦各生产矿井，他经常连续几个月深入井下，带着笔和本，随走随看，随看随画。回到办公室，他把自己的设想用 CAD 软件绘制成电子图纸，之后再用双手将这些图像变成实物。

龙大鹏坐在办公桌前，一会儿在草稿纸上写写算算，一会儿点几下鼠标，又在电脑键盘上敲敲打打。不一会儿，直到打印机吐出一张图纸，他拧成“川”字的眉头才展开。

龙大鹏正在发明三相鼠笼异步电动机直接启停二次回路控制装置。“有控制的地方，都用得上这种装置。”龙大鹏指着图纸说，“以前组装一台电机控制二次回路要好几个钟头，我设计的是插件式的，不到 10 分钟就能组装好……”

亲手打造神器苦中甜

2017 年 7 月的一天，龙大鹏下井时看到一名员工站在井口检验提升机钢丝绳是否断丝，井口的风呼呼地吹着，那名员工一直用手摸着钢丝绳，半

个小时后，他的手心突然被划出一道长长的口子。“生产的时候，每次验绳一个多小时，钢丝绳断丝的时候稍不注意，验绳员工的手就会被划破。”龙大鹏说，“这种操作又费时间又费人力，而且存在安全隐患，冬天还特别冷，当时我想，必须用设备实时自动检测来取代手摸、目测的人工检测方法。”

经过一个多月的精心设计，龙大鹏画好图纸，购买了钢板和一些电子元件，之后编写程序、组装设备，三个月后，验绳装置问世了。

验绳装置体积不大，结构看起来也不复杂，而它的诞生却充满了艰辛。龙大鹏借用朋友位于市郊的工厂车间，用自己几年前专门购买的铣床、焊机等设备，制作装置的外壳和一些部件。每天下班后，龙大鹏开车直奔朋友的工厂，在那儿一干就是好几个小时，有时直到凌晨才开车返回。朋友忍不住问：“老龙啊老龙，你又搭时间又搭钱的，到底图个啥？”龙大鹏笑了：“不图啥，我喜欢！”龙大鹏的手指、手背、胳膊上有几块大小不一的伤疤，都是焊接装置外壳时留下的。

对龙大鹏来说，发明的辛苦不足为外人道，其中的乐趣更是难以言表。

生产系统模型成教具

凭着对井下生产系统的熟悉和了解，龙大鹏花了一年，制作出一套生产控制系统模型，采煤、运输、提升、排水、通风，每个环节都准确还原。现实中这套系统十分庞大，从地面延伸到井下几千米，而模型却相对小巧，一间普通大小的办公室足以容纳。

在一般人看来，龙大鹏发明的装置小巧轻便，结构也貌似简单，然而只有他自己才知道，哪项成果都不是一蹴而就的，“定稿”之前要经过长期思考和多次改进。“写程序是搞发明最大的难点。程序是装置的灵魂，非常重要，但是它看不见也摸不着，难以形容。”

龙大鹏的每项发明成果都有着相似的诞生过程，对开滦、对工作的热爱给了他无穷的灵感和动力。

汽机领域的“百科全书”

作者 | 邢　颖　郭　光

开滦协鑫发电有限公司副经理、2x300MW 空冷机组发电部兼汽机专工纪桂英，比年轻人更爱钻研，在入职公司的四年里，三度被评为公司“优秀共产党员”“年度十佳标兵”，他常挂在嘴边的一句话是“认真做好每一件事”！

恪尽职守　一坚持就是二十年

纪桂英就像是一本汽机专业的“百科全书”，每一个系统都可以信手拈来，每个保护定值都了然于心。他的工作服更如同百宝箱，任何时候口袋都是鼓鼓的，手电筒、双色笔、大小笔记本、便利贴有好几本，每本上都密密麻麻记满数据，从启停机的重大操作到日常巡检数据都有详细的注解。他说，认真是做好工作的前提，这是对岗位的负责。大家的信赖，“逼着”自己要懂得更多、更精、更专。纪桂英每天都会到汽机现场，拿着手电筒顺着系统管路检查，再忙都要抽出时间到集控室检查日志报表、巡检记录、两票执行情况，在工作笔记上日清日结，这个习惯他一坚持就是二十几年。

遇到问题　要善于拿出解决办法

“要想让大伙服你，得有让别人服的本事。”这是纪桂英的管理经验。2015 年 3 月，3 号机组 168 小时试运期间，纪桂英在常规翻看运行画面时，根据参数异常，及时准确判定出 B 小机凝汽器循环水入口二次滤网堵塞。二次滤网反冲洗电机投入运行后，面临二次滤网冲洗装置内部存在故障无法起到反洗效果，且运行中无法处理的问题。在小机循环水量严重减少，只能保证一台小机凝汽器供水的关键时刻，如果不及时解决，机组 168 就只能停止。调试组和设备部都无法采取有效措施，此时纪桂英反复研究系统，开拓思路，凭着坚实的技术基础并结合本厂实际，提出从开式水系统中接引临时管路至 B 小机凝汽器循环水系统的解决方案，将开式水通过临时管路引入小机凝汽器循环水系统，使得小机循环水量少的问题得以彻底解决，保证了两台小机凝汽器的供水，为机组顺利通过 168 小时试运做出创新决策。

夏季高温难耐，机组背压高，很难满负荷运行，影响系统经济性。纪桂英及时提出空冷岛加装喷淋降温装置，由机组原有设备锅炉上水泵升压喷淋水。2016 年 5 月 2 日，在纪桂英监护下，运行人员根据机组高背压，开始正式投入空冷岛喷淋降温装置，投入后机组背压降低 6.07 千帕，发电煤耗降低 14.40 克 / 千瓦时，既减少了技改费用，又解决了高温天气机组的问题，并在机组运行期间多次提出节能降耗的合理化建议，为机组运行的经济性和可靠性出谋划策。

KLGC

调好心态　更加积极地投入工作

“对我们运行的兄弟提个忠告，工作之外还要注意生活，让自己的业余生活丰富起来。运行工作枯燥、压力大，容易导致身体出现各种不适，一定要自己调节，有时间多陪陪家人、多锻炼身体。空闲时常组织踢足球，有个好的身体才可以更好地工作、学习和生活。”他语重心长地说。

纪桂英平易近人，工友都亲切地称呼他“纪哥”。这位 45 岁老大哥的白发较去年又多了，有时在生产现场看到他爬上爬下查看系统设备，大家不免有些担心，却又佩服地竖起大拇指。

同样工作繁忙的爱人说：“迎峰度夏马上就要来，这两个月基本上就在现场了，有时能回家吃口饭，但也吃不踏实，撂下筷子就得走。唉，这些年家里的大事小情压根儿就没指望过他。”孩子也既心疼又埋怨：“爸爸把自己交给电厂，除了加班就是加班，整天围着他的设备转，连我学习的事情他都没有精力管。”

亏欠家人是每个发电运行人都有的心结……

“有时候想休个假带着家人出去走走，女儿放暑假了，近期想带她去海边，只是还没有和她说这事，我怕再因为工作的事情推迟或取消，孩子又会失望的。”话没说完，他转过头避开了我的眼睛。一句话道出了多少发电人的心声，却也体现着他细致认真、高度负责的工作态度。

“身肩汽机专工之责，认真做实做细工作，为两台机组安全、稳定、经济运行尽心尽责。”纪桂英如是说。

大学生里走来的高级工

作者 | 杨洪涛

赵朋，2010 年毕业于黑龙江交通职业技术学院机车车辆专业。来到开滦就业后，于 2014 年又完成了铁道自动化专业本科的学习，目前是铁路运输分公司钱家营运输部内燃机车钳工高级工。几年来，凭着踏实的工作和勤奋的努力，赵朋获“2013 年度集团公司优秀共青团员”“优秀青年岗位能手”称号。2015 获“全国煤炭行业优秀共青团员”称号，实现了一个青工的自我升华。

机车维修基地实现了大师梦

2010年，赵朋来到钱家营运输部检修车间工作，这里是铁运公司的机车辅修基地，内燃机车车型多、结构复杂、技术含量高，受作业强度大等因素影响，对检修技术、综合素质、责任心等要求较高。尽管充满着挑战，但赵朋迎难而上，立志做一个让人佩服的能工巧匠。为了尽快适应工作环境，提升能力，他每天都黏在现场，有时一学就是一整天，遇到不懂的问题就立刻找老师傅和技术人员询问。在工作之余，借住宿舍的便利，他从技术员手中借来大量书籍、笔记阅读，并与实际工作一一对照，理论联系实际，综合提高自我操作技能。2014年老股长李浩跃快要退休了，赵朋就和李师傅诚恳地说，“您要退休了，可得把技术和经验给我们留下”。为此，他也得到了李师傅不少绝招妙法的亲传指点。如饥似渴的努力使赵朋进步明显，5年时间，赵朋的专业知识和现场经验越来越丰富，对于各类设备性能原理、参数更是如数家珍，已经成为独当一面的技术骨干。他由原来负责风制动系统维修的“方面军”提升为主管具有内燃机车心脏之称的柴油机系统维修的“主

力军”，多次圆满主持完成领导交给的艰巨任务，得到了工友的好评和领导的认可，成为铁运公司年龄最小、工龄最短、学历最高、责任最重的内燃机车柴油机维修技术骨干力量。

缜密把脉　妙手回春诊精微

始终坚持细节决定成败是赵朋的工作理念。他在机车检修岗位上，善于思考，勤于琢磨，十分注意对工作细节的把握，啥问题都要请教师傅，问个究竟，弄个明白。正是凭着这股认真的劲头，赵朋的业务精在关键时刻派上了大用场。维修机车柴油机就像是给机车的心脏动手术，那可是个技术活，差一点也不行，稍有不慎就会“崴泥”。

有一次，运输部一台运行的机车突发故障，显示燃油压力不足，柴油机不能起机。小赵直接判断是燃油泵故障，但显示指数正常，燃油泵电机检测正常，这下子可复杂了，赵朋拿出了“绝活”，凭着平时的细心和经验积累给柴油机“把脉”，用手逐段把握油管，凭手握来感觉油管中油的流动，进而判断“堵”在哪里。几把摸下去，就确定了位置，原来是燃油热交换器与燃油粗滤器之间出现了阻隔，拆开一看果然如此，一下子就“手到病除”，赢得了工友们的称赞。

还有一次，机车承担“无火回送”到林南仓运输部的作业，当机车连挂时出现不保压、制动打不开的现象。几个修理机车制动系统的高手忙活了好长时间也没找到问题出在哪里。这时赵朋站了出来，他凭着平时对机车风路的熟悉程度和对各种阀体功能的掌握，排除各种可能，大胆地判断是重连塞门密封圈老化造成内部风压泄漏导致的。拆开一看，果真是密封圈老化造成密封不严，内部漏风不能保压。按照赵鹏的诊断“对症治疗”，机车立刻恢复了正常。赵朋过硬的技术让在场的工友都竖起大拇指称赞：“真不愧是解决难题的小神医。”

第四篇

爱岗奉献

敬业的最高境界是爱岗。爱岗是一种境界，是一种坚守，是一种执着，是一种责任。一代代开滦人心系企业，无私奉献，让自身价值在岗位上闪光。

矿工生命的安全锁王进东

作者 | 董泽民　董　祥

王进东是唐山开滦赵各庄矿业公司采煤二区六点班支护班长。他管理的支护班十几年没发生过一起轻伤事故，工程质量始终保持动态全优，员工的安全行为始终在可控状态，连续实现安全生产6000多天。说起支护班的安全工作做得好，工友们总是啧啧称赞班长王进东是矿工生命的安全锁。

锁住安全魂

王进东支护班所在的煤矿是一座水、火、瓦斯、煤尘、顶板五大灾害俱全的百年老矿，采深已达到海拔负1300多米，是中国第一深矿井。井深巷远、运输战线长、作业条件艰苦、工作面压力大、生产环境复杂、劳动强度大等问题，困扰着矿工的人身安全。

20 年前，王进东成为一名新矿工时，先后干过攉煤工、打柱工，在生产一线摸爬滚打，目睹过惨痛事故。他立下安全誓言：一定当一名遵章守规的矿工，以保证安全。他当了支护班长后，在实践中认识到保证工友的安全，根本在于铸牢职工的安全魂，让安全理念入心入脑。为此，王尽东研究运用了“四步潜移默化法”：

第一步，他引导工人在上班的路上想一想安全理念，让安全理念回到脑子里；

第二步，他引领工人在班前会上一起高声背诵安全理念，让安全理念强化，安全意识进入状态；

第三步，他叮嘱工人在打柱出煤过程中，注意安全理念与操作行为的对号，让安全理念支配安全操作行为；

第四步，他嘱咐工人在下班回家睡觉前，回想一下安全理念，让安全理念成为回顾一班安全生产的主线。

这些安全理念通俗易懂，易学易记，朗朗上口。通过反复的学、想、背、记、用，班组成员逐步把安全理念铭记于脑，内化于心，安全生产的自

觉性越来越高，逐步实现了由“要我安全”到“我要安全”的转变。

锁住亲情网

在王进东的班组，有这样一条硬性规定：每个人上井后，必须给家里打电话报平安，回到家必须给班长打电话报平安。支护班的家属们纷纷伸出大拇指：“这个规定好啊，省了我们好多担心呐。”

一次，一名工人下班后没给他回电话，并且一直联系不上。王进东放心不下，立即骑车去沿途寻找，结果发现这名工人在途中遭遇车祸受了伤。他马上将这名工人送往医院救治，又让妻子做了可口的饭菜送到医院。还有一次，一名工人由于一班劳累，下班进家倒头便睡。他的妻子想起来还没有给班长回电话，就拨通了王进东的号码：“班长，我们那位太累了，现在已经睡着了，我就告诉你一声，放心吧。”

王进东是情系矿工生命的安全锁，他把家庭父母和妻儿老小，对矿工的那种无限的爱和亲情嘱托形成了一个安全亲情网络，紧紧锁在了一起。

锁住责任心

王进东说：“井下生产班组光靠一个班长去管，是鞭长莫及。”经领导同意，王进东支护班民主选出了班组“六大员”：班组安全监督员、伤病急救员、思想政工员、质量验收员、技术小教员、避灾逃生引领员。从此，王进东支护班每发生的一件事，无论大小，都会有人去管。大家的心气自然聚到了一起，班组安全团队自然构成。

工人李春和是班组六大员之一的安全监督员，在长壁工作面巡视时，他发现有很多地方使用铁丝缠绕加固，但是铁丝头有错茬，错茬还非常锋利，使本来就不宽敞的工作面随处都隐藏着“铁刺”，人员通过时稍不留神，就会被划破脸、扎伤眼睛。这一安全细节的发现，不仅使工作面上的铁丝错茬部分及时折弯绕了回去，也连带着运输道、料场和料车等用铁丝缠绕加固的地点、区域和设备得到了统一规范，彻底消除了安全隐患，确保了工友的人

身安全。从那时起，铁丝头必须弯绕折回成了支护班工人必须遵守的一条安全规程。

王进东抓安全的三把锁得到了公司领导的认可，班组的经验做法得到了推广。王进东支护班被国家安全生产监督管理总局、中华全国总工会、国家煤矿安全监察局评选为“全国煤矿十佳安全班组”，被中华全国总工会评选为“工人先锋号”。王进东被中国煤炭工业协会聘请为全国煤炭行业班组长素质提升工程“乌金蓝领工程”首席讲师。2013 年 5 月，王进东被中华全国总工会授予“全国五一劳动奖章”，2015 年 4 月，被授予“全国劳动模范”。

“王较真”的安全经

作者 | 李姗姗

“差一点也不中，都跟你说了务必要戴上手套，万一电缆漏电，你这是不规范操作行为，你想出伤工咋滴……”这一天，巷道掘砌工小李因为拽侧卸装岩机电缆时没有戴手套，被“王较真”狠狠批评教育了一番。

这个“王较真”就是吕家坨矿业公司开拓二区掘进班长王宝利。平时，因为他对待安全工作格外严格，大家都称呼他“王较真”。他的严厉是出了名的，班组的 13 名员工，几乎没有人没被他较真过。也是因为这一原因，他们班组连续多年没出过伤工事故，被公司评为安全文化示范班组。他的制胜法宝也是他的那句口头禅：“差一点儿也不中！”

打眼响炮后　找掉不细致不中

一天，“王较真”安排好区域内每个班组员工的活计后，来到槽口关键位置巡查现场员工的作业情况。正赶上小许响炮后进行顶板找掉。“王较真”观察了一会儿，眉头一皱，走向前去：“你这层矸子找完了，这毛矸也没找啊，你这找掉不细啊，差一点也不中！”他现场要求小许以及互保的小刘现场背诵安全操作规程：“一班要进行 3 次找掉，打眼前、装药前、响炮后，每次找掉要细致……”接下来，他亲自在现场进行了一遍示范，告知他们关键点、注意事项。等他们全部找掉细致、操作规范后，“王较真”才放心地赶往下一作业地点。

清理矸石前　不重复确认急停开关不中

一天，“王较真”同样安排好班组员工活计，来到负 800 四采外 11 煤槽石门巡查。这时，矸石已出完，皮带运输机已停止运行。后路清理人员小李、小魏正在进行皮带行人侧掉落矸石的清理。“王较真”走向前看了一下

皮带急停开关，随后询问小李：“皮带急停按钮拉了吗？”小李说：“拉了！”他又走到协同作业的小魏旁边询问：“你清理的区域皮带急停开关确认拉了吗？”小魏说：“小李前面的急停开关说拉了，我这没必要了吧，再说皮带都已经停止运行了，也没人开启啊！”“王较真”严厉道：“你们协同作业要做到互保联保，他说急停拉了，你也不确认一下，万一有人开启皮带，你们不就有可能受伤吗，差一点也不中！”接下来，“王较真”督导着小魏确认了区域急停开关已拉。

紧固卡缆时　紧固力不够不中

一次，“王较真”正在现场巡查打眼响炮作业。他用随身携带的力矩扳手抽测检查了一个棚腿卡缆的紧固力。力矩扳手上随即显示 130 牛・米，跟标准要求 150 牛・米差了 20。班组员工小王又被他较上真了。“都跟你说了响炮后，重新紧固槽口 10 米范围内卡缆，你这卡缆紧固力也不够啊，安全工作能偷懒吗？”“我这不也是想着快点进尺吗，再说打眼前已经紧固一次了。”小王不甘示弱。“安全理念你忘脑后了吧，安全第一，生产第二，绝不追一米不安全的尺，规程上说了，打眼前、响炮后、班末都要做一次卡缆紧固，你这图省事，因为卡缆紧固力不够，造成棚子支护强度降低，巷道再一来压，棚梁向下垮落，巷道就会变形、质量不达标，差一点也不中！”小王默认，只得重新确认了一下规定范围内的卡缆紧固力。

差一点的　都要开安全教育“小灶”

上了井，被他较过真的员工还会被留下来。“王较真”要给他们开安全教育“小灶”。“十几年前，我刚上班的时候，亲眼见到因为顶板找掉不细，领钎工的手被掉落的矸石砸伤，当时是块片矸石，巴掌那么大，这要是再大一点或者砸到脑袋上，后果不堪设想啊！”“王较真”语重心长地说。他列举了一个个身边的安全事故案例，用鲜活的案例告诫他们安全容不得半点马虎，差一点就可能引发事故，作为一名员工要对自己负责、对家人负责、对

公司负责。直到他们应声承认错误，保证以后不会再犯，“王较真”才放他们回家。

以前，有的员工认为他是小题大做。“王较真”不以为然，依然“我行我素”，并对提出异议的员工耐心解释。后来，他的行为管控方式被公司认可，拍摄制作成行为规范管理示范片学习推广。大家都对他心服口服，并竖起大拇指。他却腼腆了：“还是兄弟们给力啊，差一点也不中，只凭我自己怎么能做好呢。”

40 里风雪路到班保生产

作者 | 张志刚

2017 年冬季的第一场雪，整整下了一夜，路面上厚厚的一层，被来往的车辆反复碾过，如镜面一样光滑。

家住滦县王店子镇鲁家庄村的刘建生，是开滦赵各庄矿业公司采煤二区职工，今天该他休礼拜，撩开窗帘的一角，看到院子里厚厚的积雪，他面露笑容：“今天下雪好哇……”

吃完早饭后，手机响了，他一看是班长老赵打来的，心里就隐约有了些预感：“不是让我今天上班吧？”他拿着手机迟疑了一会儿，还是接通了。电话里传来老赵班长温和的声音：“建生，今天你上班吧。”刘建生怕什么来什么，不用问，准是天气不好影响了出勤，开工困难。听到这话，刘建生开始了反复的思想斗争。从内心说，真不想上班，好不容易休一天礼拜，谁不想在家休息，还是这样的大雪天，就是正常上班还懒得去呢。可转念一想，老赵班长肯定是真为难了，要不也不能给 40 里外的他打电话，又想到自己是工作面上的老板子，要是拒绝了老赵班长，面上肯定不能开工，这不就影响了矿上出煤吗？经过几秒的思绪翻滚，赵建生告诉老班长一定保证出勤。

做出决定后，赵建生觉得自己身上肩负着无比神圣的责任，他那善良、朴实、忠厚的品格使他越发坚信自己做出的决定是正确的。虽然 40 里冰雪路不能骑摩托车，只能靠步行完成，可他一点儿都不后悔。当刘建生向家人说明情况后，却遭到了家人的强烈反对。首先是他媳妇，担心丈夫，担心他那老寒腿受不了这冰天雪地的刺激，担心他走这么远的路再到井下干活累坏了身体。媳妇就是媳妇，说的都是掏心窝子的话，句句在理。刘建生差一点就被妻子说服了，可他对老班长的承诺和内心的责任还是让他坚持去了。他对媳妇软磨硬泡，说做人要有良心，老班长对他不错，更不能做不守信用的事，那样会让别人瞧不起。刘建生媳妇看他这么坚决，只好勉强同意。但是刘建生他老母亲那关可不好过，俗话说得好，儿行千里母担忧，今天可是 40 多里的冰雪路，极易发生交通事故。70 岁老母亲的爱使刘建生又陷入了两难之地。可班上的生产需要他，矿上出煤需要他，这使得刘建生心里火急火燎的。为让母亲同意他上班，刘建生又把媳妇拉来当说客，两口子你一言我一语，都说“大道上的雪都化了，路不滑了，慢点走，肯定没事……”经两口子这么一说，刘建生的老母亲终于松了口，允许他走着上班了。就这样，刘建生内心装着承诺和责任，心情激动地迈出家门，奔向广阔无边的冰雪地。

刘建生为了单位正常生产，不仅“摆平”了家里人，而且还做通了家住孟店子村本区工友董铁军的工作，两人电话约定在孟店子村口会合，一同上班保出勤。可能是老天对他们的再次考验，天空又飘下了雪花。两个人顶着风、冒着雪，深一脚浅一脚地慢慢向前走着。雪密密麻麻地飘落，远处的

人和树木都变得模糊了，这样的能见度使得在光滑的路上行走变得更加困难了，走着走着，刘建生脚下一滑摔了个仰面朝天，他一骨碌爬起来继续走，嘴里向询问的董铁军说：“没事、没事，接着走。”生怕耽误了到班的时间，可路面实在太滑了，在前进的路途中，他俩不知道摔了多少的屁股墩儿，可谁也没有退缩，40 里冰雪路，两个人在跌跌撞撞中前行。雪花覆盖了他们全身，模糊了他们的视线，可他们内心的方向、目标始终清晰。渐渐地，两个缓慢前行的身影消失在雪片交织的白雾中……

采煤一区两点班班前会马上开始了，老赵班长按照会议流程开始点名签到，面对为数不多的伙计，进行逐一确认。就在这时，会议室的门突然开了，门前站着两个银装素裹的人，老赵班长定睛一看，正是心里盼望着来上班的刘建生和董铁军。老赵班长站起来激动地说：“伙计们，他俩可是冒着雪步行 40 里来上班的，大家欢迎！”老赵班长使劲地鼓掌，伙计们也都跟着站起来鼓掌，随着如雷般的掌声，大家都把惊讶和赞许的眼光投向了二人。

郭景云家外有“家”

作者 | 赵建军

2009 年，棚户区改造，郭景云从临时房搬进了楼房，这是他生活居住的家。除了这个家之外，大家还知道他有另外一个“家”，就是矿山井口旁边的一所废旧仓库。这个“家”虽然简陋，但他在这儿比在家的时间还长。也许有人会问，郭景云有宽敞的楼房不住，偏要搬进破仓库里住，这到底是怎么回事?

提起郭景云的大名，在兴隆公司可谓是无人不知，无人不晓。他 1982 年参加工作，30 多年一直默默地工作在凯兴公司原营子煤矿百米井下，2009 年 8 月，调任采煤二区区长。多年来，他工作出色，业绩可嘉，连获赞誉，被评为承德市优秀共产党员、省国资委优秀党员、开滦集团公司优秀党员、开滦集团公司十大优秀区科工会主席、开滦集团公司劳动模范、河北省劳动模范。

自打郭景云当上采煤二区区长后，在原煤生产上精收细采，在现场管理上注重各种物料的回收再利用，使这个区的资源平均回收率高达 98%，材料消耗和吨煤成本逐年下降，员工人均收入翻了一番。在安全工作上，他更是苦口婆心讲安全，现场管理不手软，创造了采煤二区连续安全生产 2000 多天的好成绩，2014 年还实现了零工伤。

做窑的伙计们说："跟着郭区干，安全有保证，工资不少拿，咱们服气。"而老郭却说："让弟兄们带着精气神儿上班，把窑儿做好、把该挣的钱拿回家，是我这个当老大哥的责任。"就为这份责任，年过半百的郭景云付出了常人无法做到的艰辛与汗水，饱尝了别人无法体会到的苦辣与酸甜。

凯兴公司刚推行采煤工艺改革那阵子，大家都感到壁式面是个新玩意儿，缺乏整体安装经验，郭景云哪个班不到现场心里都不踏实。在整个安装过程中，他一连四天上了 12 个班，连工作服都没脱过，实在累了、困了就升井打个盹，然后继续下井盯在现场，直到全部安装结束调试合格，他才松了一口气。大伙儿至今还记得，在二号井扩能改造施工到井底车场时，遇到

大面积冒顶。郭景云连续 8 天没脱工作服，没洗澡，饿了就升井泡袋方便面，累了在井口信号房休息片刻就又回到作业现场，直到险情排除。

5 年多来，郭景云从没有休过节假日，奉献了 700 多个工作日。就连住在乡下的老母亲，也是每年过生日的时候才能见上儿子一面。这一忙起来十天半个月不回家是常事儿。妻子理解他，更心疼他，所以就每天在家做好饭送到井口陪他一起吃。“他这个人啊，就这样，只要看到工友们安安全全的，不少挣钱，他就知足了！”说起郭景云，他的妻子既自豪又爱怜。

做窑儿的人是三班倒，每个班前会都能见老郭，讲上一班存在的生产和安全问题，讲当班工作应注意啥事儿，还要仔细观察每一名员工的精神状态。每天早上 5 点，郭景云总是第一个来到班前会，思考着一天的工作安排，每天最后一班下井巡视完毕回到“家”中都是深夜 11 点多了。简要总结一天工作是他每天的最后一个规定动作。这一整套程序都下来，几乎每天都是零点左右才能休息。

即便如此，郭景云仍总是感觉时间不够用，哪怕是回家吃顿饭都觉得浪费时间。他住在“临时房”的时候，家离井口只有 50 米远，工作起来很方便。自从搬迁住进了楼房，虽然居住条件好了，环境敞亮了，可家离井口远，很多时间都耽误在了上下班的路上，工作太不方便了，郭景云很不乐意。为此，他和妻子打了声招呼，就又在井口旁边的一所废旧仓库里安了新“家”。这样一来，无论白天还是黑夜，井下有事儿他都能随叫随到，及时处理。

老林的“记录本”

作者｜李　伟　王炳一

老林叫林时鹏，是开滦集团有限责任公司职工代表、唐山矿业分公司机电科运二队主管安全的副队长。别看他的“官”不大，管的事情却不少，单位上的安全生产，职工家的家长里短，他都能处理得井井有条，这全都得益于他那个从不离身、内容也五花八门的“记录本”。

“本子里记录着安全”

一天，林时鹏刚走到新风井井口，井运区把钩工老李就走过来说：“老林啊，这两道挡车器手动搬也忒费劲了，弄不好了还爱落辙，能想想法吗？”

“来，跟我详细说说。”林时鹏立刻掏出“小本本”将情况记录下来。

原来，井口采用的是手动挡车器，在扳道时难免会出现道岔闭合不太紧密的情况，这在别的地方不算大问题，但是，在车辆频繁经过的井口，很容易出现矿车落辙的问题，造成生产停滞。了解这一情况后，老林第一时间向科队领导做了汇报，并积极参与技术人员进行的挡车器创新与改造，将新风井井口挡车器由人工操作改为液压按钮控制，使把钩工远离矿车运行的危险区域，既提高了安全可控度，又极大地减轻了劳动强度，保证了工作质量。

像这样的事情，在老林的“小本本”上，记录的可不少。每年冬天，该公司十号井天轮检修加油，员工要在几十米高的井架上作业，天寒风大、作业环境狭小，风吹在脸上像刀割一样，工友们都说“要是有口热水喝就好了”。了解到员工需求后，林时鹏就在“小本本”上记上了“准备开水”这一条。从此以后，老林每天都会准备好开水出现在井架上，嘱咐大家集中精力，并提醒维修工系好安全带，严格按照规程操作。维修工可以轮换作业，可他在井架上一站就是几个小时，直到作业完成才离开。

“安全上有问题找老林，准没错”，运二队工友们都这么说。

“本子里牵挂着职工”

“要做伙计们的贴心人”。林时鹏不仅说到，也真正做到了。

有一年，家住农村的绞车司机刘永国，在大秋收割时，因家里无人帮忙，就收了“巴掌”大的一块儿地，上班后一副愁眉苦脸的样子。

“刘师傅，咋了？有事吧？”细致入微的林时鹏观察到了刘永国的情绪状态。了解情况后，他便把情况记在了“小本本”上，利用业余时间组织队里几名骨干来到刘永国家，帮他抢收庄稼，解了燃眉之急。自此后，刘师傅上班总是面露笑容，每每谈起此事无不兴奋地说：“队里解了我的急，我再不好好干怎么对得起领导啊？”

闲暇时间，林时鹏常到员工中拉家常、到岗位上了解员工的想法，尽可能为他们答疑解惑，并把了解到的情况认真记下来。渐渐地，林时鹏每天都会揣在怀里的“小本本”，已经不知写满了多少页，也不知换了多少个，林时鹏也因此成为员工们的活档案，谁家住哪里、爱好是什么、家里几口人、有什么困难等，林时鹏都一清二楚。

“本子里传递着呼声”

“林哥，咱们车间区域没有停车场，忒不方便，向公司反映一下中不？”

“这还真是个问题，你们帮我留意一下，看看别的区域还有没有类似的情况，然后把情况汇总一下，我向矿上反映反映。”林时鹏又掏出他的“小本本”记录下这一情况。

“员工们反映的实际问题我要及时反馈到公司，让公司听到基层员工的心声。”

在生产中，林时鹏不仅非常注重收集员工们关注的焦点问题，向公司反

映上报，还谨守公司职工代表的职责，做好公司政策、决议、会议内容与精神的解读，并及时传达给员工。为了让群众迅速理解、领会公司“两会”内容和精神，他在每次召开群众安全会前，都会在课前做好准备，“今天的群众安全会，我重点讲解关键词，安全生产一体化、‘三零’理念、‘三视’行为方式……”

他将公司“两会”精神和内涵列出提纲和关键词，写在时刻带在身上的“小本本”上，然后，转化成通俗易懂的语言和方式传递给工友。

善解群众难题的刘宝林

作者 | 王春亮　文亚东

提起刘宝林，开滦林唐社区员工和百姓说得最多的一句话是：凡是涉及房产方面的问题，没有刘科长解决不了的，他是这方面的专家。

诚恳　创新　解决多年遗留难题

2011 年 11 月，刘宝林调任原林西社区房管科科长。起初，他的办公室几乎天天挤满来访群众，问题的焦点是何时能够办理旧工房土地证。刘宝林经深入了解得知，因时间跨度较长，住户资料有的不齐全，加之过去购买旧工房的老职工已过世，手续无法办理，地方房管部门不能发证，造成现在旧工房不能上市转让交易、不能继承过户，给百姓的生活造成了一定影响，甚至有的因此出现家庭矛盾，增添了新的社会不稳定因素。看着居民们期盼的眼神和对政策的不理解，刘宝林备感压力。企业旧工房出售国家政策允许，无论如何不能让百姓失望，一定要想办法解决这一历史遗留问题。

推动搁置多年的问题顺畅解决并非易事。刘宝林从最基础的工作入手，组织人员对未办理土地证的住户进行摸底。多少个寒冷的冬夜，刘宝林办公室的灯依然亮着，他将白天的情况分类整理，将问题涉及部门排列登记，为攻坚行动做好充分准备。

工作时间，刘宝林布置完工作，一有空就骑上自行车主动到古冶区司法局、土地局、住建局，找相关领导深入沟通，探讨通过司法介入方法破解难题。久而久之，他成了地方部门的熟客，司法局一领导甚至开玩笑说："你这一趟趟老往我们这儿跑，别人以为你是我们新来的领导呢！"刘宝林笑了笑："那说明大家没有把我当外人。我多跑几趟，最终解决百姓多年实际问题，比啥都高兴。"司法局领导被刘宝林真诚服务于民、为百姓所急的诚恳态度深深打动，破例主动出面协调地方有关单位，采取司法局、土地局、住建局和社区房管科四部门集中办公，一条龙服务开展司法见证，解决历史遗留难题。

刘宝林又主动当起了调解员。那些因家庭矛盾，兄弟姐妹相互不能正常往来的住户，找到他时，他二话不说就当起了民事调解员角色。他利用个人时间家访，用人格魅力帮助矛盾家庭成员彼此释放积怨，高兴地办理了房产土地证。

刘宝林的这一创新实践成果，解决了困扰林西区域近600户居民多年的难题，首开了此类问题解决方式先河。如今，刘宝林首创的引入司法介入进行房产管理办法，已经成为常态工作程序，形成了企业房地产管理新模式。

带病动员搬迁棚改　为民办事最信赖

一心为民、谋事干事是刘宝林的个性风格。在开滦的棚户区改造中，他

的这一风格又得以清晰地展示。

2014 年，林西、唐家庄社区棚户区改造进入最困难阶段。唐家庄劳动工村工房区已搬迁几百户，剩余 36 户始终拒绝搬迁，导致后续工作停滞，棚改陷入僵局。

面对被拆迁户的质疑、冷漠、不理解，甚至是粗暴态度，刘宝林总是热情走访棚改户，从家庭利益角度，结合开滦政策，帮助分析房地产市场趋势、得失利弊，不厌其烦地做工作。很多住户被他的真诚所感动，选择了信赖，他也因此化解了多个家庭的问题。有人甚至说："刘科长就像家人一样，话说得在情理，听着贴心顺心，我家事就让他做主！"

少有人知，作为动迁工作组长的他，此时心脏病、高血压已很严重，医生多次告诫需住院治疗，但他对家人隐瞒病情，背着心脏检测仪，揣着速效救心丸走家入户。身边人劝他："你年岁也不小了身体要紧啊！工作要做，但也不能玩命啊！"他却说："工作不做好，我这心里啊，比有病还难受，躺着心里也不安稳。"

整整 46 天，刘宝林坚持每天都和动迁人员干在一线，白天配合古冶区征收办等部门工作，晚上输液。在他的带领下，终于使拆迁工作打开了局面，在规定时间内完成了劳动工村区域整体腾空，土地得以有效利用，群众满意喜迁新居。

感动中国的矿工董桂艳

作者 | 赵建军

开滦兴隆公司有个女车工，叫董桂艳，工作出色，孝敬老人。她爱岗敬业，在车工的岗位上刻苦钻研技术，练就了过硬的本领，1996 年以来，经她加工的配件被确定为免检产品；她无私奉献，27 年干了 40 年的活儿；她孝顺贤淑，几十年如一日孝敬患病公婆，是大家公认的好员工、好儿媳。她曾先后获得“百名感动中国的矿工”等称号。

犟姑娘变成巧状元

1991 年，董桂艳从承德职业高中毕业后到原兴隆矿务局机械厂当了车工。初学车工，一些辅助性工作格外重要，特别是测量，工件与卡钳的贴合度要凭感觉去不断揣摩。对此，她师傅的要求只有四个字：似挨不挨。

说起来容易，初学者要准确把握，却并非易事，尤其董桂艳还是个左撇子。熟悉车床的人都知道，在车床前操作人得右手拿卡尺、卡钳。可当董桂艳用右手拿起卡尺时，那个别扭劲儿甭提了，不是动作变形，就是放不进测量孔里去。人家早已加工成零件了，她还在跟卡尺较劲呢。

“我就不信掰扯不过你。”看着自己的右手，天性好强的董桂艳犯起了倔脾气，整天痴迷起快速改变自己用手习惯来。一次，全家人吃过晚饭收拾碗筷时，她突然发现，筷子和卡钳在使用姿势上有相通之处！她马上用右手拿筷子一张一合地量起了碗口。那段时间，她有意识地锻炼右手的掌控能力，吃饭、做家务全用右手，厨房里的餐具都成了她练习测量的“卡钳”和“工件”。为了尽快提高自己的操作水平，董桂艳还抓了个高级“劳工”——就是当时热恋中的男朋友、现在的老公，陪她下班后到车间里练习操作。就这样，1 个月后，她顺利攻克了右手测量这一关，并熟练地掌握了机加工的相关技能，比同期分配的同学提前出徒。

2002 年，一位客户急着要加工一根 6 米长的大轴，可机械厂最大的车床只能加工 4.5 米长的工件，并且设备已经陈旧，难以保证精度。本来在技工当中就有“钳工怕打眼、车工怕车杆”的说法，更何况是超长的大轴，没有人愿接这个任务。正在机械厂领导犯难的时候，董桂艳站出来要求试一试。让一位女职工来完成这项难度大的任务，一开始，厂领导心里没底，工友们也为她捏了把汗。可一看董桂艳动真格的了，有些老师傅于心不忍，主动上前助阵。就这样，在大家的协助下，她提前一周保质保量完成了任务，同事们给她竖起了大拇指，客户也为她点赞。

2011 年，董桂艳就获得了“集团公司年度车工技术能手”和“兴隆公司职工技术比武技术状元”称号。

在家是个好媳妇

董桂艳当了多年车工，腰背、颈椎、肘关节、腿关节都留下了毛病，当天气骤变时，晚上甚至疼得睡不着觉，可她对公婆的照顾却是无微不至的。结婚 20 多年来，她从来没跟公婆红过脸。

董桂艳的公婆都 70 多岁了，老人体弱多病，她丈夫的工作单位离家又远，照顾老人的担子就落在了她一个人肩上。婆婆胃和心脏不好，公公患有心肌梗死。为了能让婆婆和公公吃好喝好，董桂艳没少花心思。她的公公是南方人，喜欢吃甜。董桂艳想方设法做一些适合老人的饭菜，不但让老人们吃得可口，还给他们补充了营养。

平时，董桂艳一看到公婆的衣服脏了，就抢过来洗，就连内衣裤也包括在内。婆婆看见了很不好意思，她安慰婆婆说："妈，咱们都是一家人，您把那么好的儿子都交给了我，您就是我的亲妈，这点小事是我应该做的。"

任劳任怨的后勤人马增良

作者 | 李焕荣

今年 56 岁的马增良是开滦集团范吕社区工程维修中心东锅炉房的班长，也是集团公司和社区连续多年的优秀共产党员、先进生产者和生产标兵。作为一名供暖一线的管理者，在担任班长的 17 年，老马任劳任怨，没有休过年假，坚持每天早上 7 点上班、晚上 7 点下班，一心扑在工作上，为居民日常供暖提供保障。

曲线供暖高效降耗

马增良所在的东锅炉房有 19 名员工，11 台锅炉，主要负责所辖小区近

37万平方米区域的供暖工作。闲时，马增良喜欢和附近居民聊聊天。刚当上班长的时候，很多居民向他反映，说自家暖气不够热，马增良便要求班里员工把炉火烧得更旺一些。之后的一天，老马在街上遇见一位大妈，便问她家里温度怎么样。大妈笑着说："挺好的，屋里比以前热多了，我们天天开着窗户！"当时老马心里"咯噔"一下，暖气不热不行，太热了也不好，浪费啊！于是，他开始思考一个问题："怎样才能既保证供暖温度，又不造成浪费呢？"从那以后，马增良开始每天记录室外气温、锅炉回水温度和小区住户家的室温，观察三个数值之间的关系，总结其中的规律。通过与技术人员多次实践，反复研究，探索实施"锅炉曲线图供暖法"。他们提前采集未来一周的天气预报，根据室外温度变化不断观察记录锅炉回水温度，将这些数据全部录入计算机，自动生成供暖曲线图，作为当日的供暖依据。再根据公式计算得出的数据，随时调整设备开机率、煤层厚度、炉排转速等参数，通过风量配比来控制炉膛温度，达到调节回水温度的目的，既保障了供暖温度又节省了大量煤电，从而实现了"看天供暖"。实施"曲线供暖法"后，一位老年居民找到马增良说："我们家暖气不如从前热了。"老马笑着把他请进了办公室，对他说："说一下你们家的情况"。他说："我家暖气以前烫手，现在不烫了。"马增良说："你在屋里冷吗？""冷倒是不冷，也挺暖和的。""这就对了！"马增良耐心地给他讲了"曲线供暖法"的作用，对省煤电以及对身体的好处，老人听了解释，很高兴地走了。

技改创新保安全

作为班长，马增良始终将班组的安全工作作为重中之重。凭着在锅炉岗位多年的操作经验，老马善于在细节上发现问题、解决问题。在冬季供暖期间，他发现锅炉房的上煤提升机斗在绞车运行到达顶部时，虽有行程开关控制停运位置，但一旦行程开关损坏失灵，极易发生机斗提升越位冒高使绞车钢丝绳崩断，造成机斗掉落，酿成安全事故。上煤过程中机斗从底部到达顶部有15米高的距离，为避免事故的发生，马增良经过反复研究实验，在提

升机曲轨上加装了限位开关装置。即使在上煤过程中行程开关损坏失灵，在机斗触碰到限位开关后会使整个上煤系统断电，让维修人员根据停电原因查找问题、排除故障，从而保证了上煤机斗提升作业的安全。

精细维护保养事故预控预防

工欲善其事，必先利其器。要想保证锅炉设备安全正常运转，设备的日常维护保养是非常重要的。在日常工作中，马增良探索出“望、闻、问、切”工作法。望，就是看设备有无变形、错位、松动，各种显示是否正常；闻，就是听一听设备运行是否有杂音、异常；问，就是每天要对各班的操作工了解设备当日的运行情况；切，就是摸一摸设备运行温度是否正常，是否有震动。在一次设备巡视过程中，老马透过锅炉门的观火孔，发现炉膛内煤炭结焦严重，很有可能造成炉渣卡住炉排被迫停炉现象的发生，他立刻提醒操作人员及时勾碎结焦炉渣，提前排除了事故隐患。由于做到了精准细致的管理，他所负责的东锅炉房在每一季供暖期间，锅炉从运转到结束没有出现过一次因机械事故停炉的现象，保证了辖区居民的正常供暖。

情系社区的房产管理员李风宝

作者 | 陈　玮

在唐山社区房地产管理科，有这样一位平凡的普通员工，他默默耕耘、无私奉献、履行职责、不辱使命，把自己辛勤的汗水，奉献给了自己所钟爱的房地产管理事业，他就是房产管理员李风宝。

自参加工作以来，李风宝在唐山社区房地产管理资产管理岗位 30 多年中，攻克了一个又一个难题，赢得了领导与同事们的赞誉与肯定。2017 年以来，时逢唐山社区在加快推进国企“三供一业”分离移交工作的关键期，房地产工作涉及分离移交的房地产资产部分都是移交工作中的重点。重任面前，李风宝再次冲到了第一线，谱写出了一曲唐山社区“三供一业”移交工作的动人乐章。

忘我工作 坚持自己的职业操守

强烈的工作责任心是李风宝不断进取的原动力，这种进取精神，鞭策着他为事业忘我工作。他牢记“房地产政策、为民服务”的宗旨，真情服务，无私奉献。房地产管理岗位是平凡的，没有惊天动地的业绩，有的只是默默无闻的奉献。数年来，他始终坚守着自己的岗位，加班加点成了“家常便饭”。房地产管理工作琐碎，工作内容纷繁琐杂，但他从没有怨言，把工作压力当作领导对自己的信任，当作为单位服务的机会，当作对个人素质及能力水平的检验。他把每一次任务的完成当作自我学习、自我锻炼、自我提高的途径，竭尽全力做好每一项工作。

在唐山社区“三供一业”移交期间，无论寒风酷暑，他都到所辖 42 个住宅小区公建房产清点，细心核实每一项房地产录入情况。他曾经连续加班加点工作一个多月，最后疲劳到连腰都直不起来，却依然不肯离开工作岗位。直到带领路南、路北、开平、丰南区政府有关接收单位到现场查看完房地产实物使用情况，才松了一口气。

细心耐心 获得移交接收方赞扬

随着唐山社区“三供一业”陆续移交各区域资产进度的推进，他按照社区移交办的要求按时按质按量将房地产资产录入固定资产管理系统，房地产固定资产录入上千条，以实际行动为唐山社区房地产资产移交打下了基础，发挥了房地产管理员的智能作用。

“三供一业”移交期，接到社区社会化移交办公室通知，房地产管理科要求配合移交办到开平荆各庄区域查看资产移交实物，李风宝再次受命前往，顶着炎炎烈日，现场配合社区移交办确认房产、土地指界。接收方开平区住建局、开平区支重办、开平区物业公司等领导及社区主管领导一行人前

往现场。李风宝就住宅南、中、北小区公建房产、土地使用情况做了一一介绍，现场确认指界南小区原篮球场一块闲置空地、中小区职工活动站、北小区原闲置锅炉房空地等建筑物使用和土地面积情况。又对开平区四块闲置多年的冶里精神病院、果园、山场、荆矿空地做了详细介绍。开平区域公建房产、土地现场查看确认后，到场领导对于李风宝细致全面的讲解竖起大拇指，开平区住建局局长握住李风宝的手说："我们这些人里，就属你对房地产的掌握是最明白、最清楚的，辛苦了！"

爱岗爱家　家人心中的顶梁柱

工作中的李风宝爱岗，生活中的他爱家，他是妻子眼中体贴温柔的丈夫、女儿心中慈祥宽厚的爸爸。李风宝的妻子就职于天津一家医院，不在唐山的日子里，他们家书传情，他对妻子说："我会坚持干好我的本职工作，依然会为我们唐山社区搞好对外创收、资产盘活发挥自己的力量，会让你在默默的祝福中变得温婉幸福，会让朋友们羡慕你找到了一个善解人意的好丈夫，会让我的爱传递在网络与现实中。"

经过 30 多年的历练，李风宝已成为唐山社区房地产管理领域的行家里手，获誉无数，是唐山社区乃至集团公司的优秀共产党员、最佳服务员工、先进生产工作者。

第五篇

挚爱无限

作为国有特大型企业职工，开滦人从骨子里有着爱党、爱国、爱企、爱民的真挚情怀。多年来，他们尽人本、团队、社会之责，顾全大局、为国分忧，将一片片爱心送到灾区、贫困地区、生活困难职工之中。

社会责任重于泰山

作者 | 梁湉雨　郑俊平

2016 年 7 月 20 日凌晨，冀东大地受极端天气的影响突降大雨，单日降雨量达到了 140.7 毫米、突破了唐山近 20 年来的极限值。唐山矿井田范围内丰南区王家禾大坝出现险情，唐山矿矿长郑友刚凌晨就来到了生产调度室，听取了值班领导的险情汇报后，当即作出指示：立即启动防汛应急预案，下达了紧急抢险救灾命令。

王家禾大坝位于唐山市丰南区境内，拱卫着南湖水系青龙河下游向外排水的主要通道。由于王家河大坝位于唐山矿采煤沉降区内，该区域被唐山市丰南区、开滦集团唐山矿等政府和企业列为重点防汛部位，受到各级领导的高度重视。

近年来，为确保该区域人员的生命和财产安全，唐山矿迁建部门积极与丰南区政府水务局和支重办等部门协商，先后投入了大量人力、物力、财力，对该区域内的50多户村民进行了搬迁，并对老坝进行了加固。为彻底消除该区域的防汛隐患，今年初，唐山矿又克服资金紧张等困难主动筹款，在王家禾老坝下游300多米处筑建了一座1300多米长的永久性新坝，但在施工期间，由于个别村民未能与丰南区搬迁部门达成补偿协议，导致直到汛期来临前，新坝仍有近300米长的口子未能合龙。

瓢泼的大雨一阵紧似一阵地下着，老坝拦蓄的水位仍在不断上涨。新坝范围内的几个钉子户仍旧拦着施工队不让合龙。唐山矿领导带领矿防汛领导小组成员，顶着狂风暴雨来到了王家禾大坝上与丰南区政府领导一起勘察险情，矿武装部快速动员，及时抽调开拓区、综采四区等单位近百名精兵强将，组建成民兵抢险分队，及时赶到了抗洪一线。

7月20日中午时分，青龙河水位已升高了800毫米，距离大坝警戒线只剩下不到1米的距离了。按照这样的上涨速度发展下去，王家禾老坝将十分危险，距离新坝下游几百米处还有一个有400多户村民的村庄，新坝合龙前，老坝一旦决堤，下游村民的生命和财产安全将直接受到威胁。

险情就是命令。丰南区防汛办领导与郑友刚矿长共同制订出了抢险救灾实施方案。唐山矿防汛抢险分队负责加固加高老坝，丰南区水务局、支重办负责组织住户搬迁。

近百名唐山矿的干部职工迅速走上战斗位置，一场与时间赛跑的防汛攻坚战就此拉开了帷幕。

综采四区分队负责大坝靠北一段的筑坝任务。接到指令后，身高近1.8米的党支部书记马忠宝第一个冲向目标区，由于风大雨急，在泥泞的大坝上他数次险些跌倒，但他仍鼓励大家快点儿跟上。

开拓区分队队长吴广好为加快运袋速度，主动给自己加码，别人拎一袋，他拎两袋，在他的带动下大家也都增加了背运数量。

大雨依然在下，水位依然在涨，虽然面临着大坝随时溃堤的危险，但在危险面前，英勇的唐山矿人没有退缩，在老坝的堤顶上很快筑起了一道新护堤。

下午3点赶来大坝现场的丰南区政府副区长王玉林同志，看到开滦唐山矿人为保护下游居民生命财产安全而奋力抢险的场面深受感动，表示："我们一定尽快完成区内人员的撤离工作，为新坝合龙创造条件。"丰南区政府工作人员加快了劝导当地村民撤离的速度，早已在指定位置待命的数台挖掘机和铲车轰鸣着开始新坝合拢。

下午5点左右，雨越下越大，狂风裹挟着暴雨，吹打得现场每个人的身上如针扎一样疼，老坝和新坝两处工地上的唐山矿人在泥水中分不清是雨水还是汗水，他们顽强地与狂风暴雨搏斗着。

下午6点整，丰南区区委书记、区长在现场听取了水务专家的建议并与郑友刚矿长商定，经请示市防汛办，果断下达命令：停止老坝加固，抗洪人员立即撤离。参与抢险的近百名唐山矿勇士连续奋战了7个多小时，为下游村民转移和新坝施工争取了宝贵时间，圆满完成了抢险救灾任务。

晚上8时许，持续上涨的水位开始漫过老坝。此时，刚刚合龙的新坝已牢牢地把洪水拦蓄在了泄洪区内。

青川之战

——记 2008 年“5·12”四川汶川抗震救灾

作者 | 王汝柱

2008 年 5 月 13 日上午，一阵刺耳的警报声，打破了开滦救援队大院的宁静。

“全体都有，上车出发！”副大队长王汝柱一声令下，由其带领共 9 人的救援队，踏上了前往汶川灾区的漫漫征程。

继续前进

崎岖的山路已没有往日的井然，轰鸣的挖掘机修整着道路，车里的人心紧绷着，已经一夜未曾休息的队员们没有任何睡意，眼睛直勾勾地盯着道路左侧的悬崖和右侧滚落的山石。突然，一块篮球大小的山石砸在了指挥车顶上，救援车队戛然停在了路上。司机下车后惊呼："太险了！要是石头砸在风挡玻璃上我们车内的人肯定有伤亡。"此时的队员们你看我、我看你，有人小声说，"回去吧，太危险了"。此时的王汝柱心里七上八下，他想起了临出发前领导的嘱托，"你要把他们活着带回来"。可他又想，"此次抗震救灾，代表的是几百万唐山父老对当年唐山大地震接受四面八方支援之情的感恩回报，这灾还没救呢，要是这样回去怎么向唐山父老乡亲交代？""上车！继续前进。"

凌晨 4 点 30 分，救护车队终于开进了青川县。青川县位于汶川县东北方向大约 50 公里的山区，经信息透露，该地区也是较严重的灾区，由于赴汶川县的道路受阻，四川省抗震救灾指挥部命令救援队暂去青川救灾。此时的青川县城，道路两旁布满了大大小小五颜六色的帐篷，帐篷内横七竖八躺着人，有的还传出断断续续的哭声。远处的房屋，还是叫废墟吧，七零八落。这一切告诉救援队员这里就是灾区了。此时大家的心情一下子沉重起来。"大家在此等候，我与于局长去指挥部领取任务！"王汝柱用嘶哑的声音命令着。他简单介绍了救援队的来意后，指挥部的同志非常激动地说："你们辛苦了，这么老远你们还赶过来，真的非常感谢。现在天快亮了，你们还是

先休息一下吧。”此时的王队长早已沉不住气了，急切地说：“快给我们任务吧！”指挥部的同志无奈，简单介绍了青川县的受灾情况，最后安排他们到青川县中医院家属楼进行救援。

来之能战

接到任务后，王汝柱立即带着队伍迅速来到家属楼前，正准备在倒塌的楼体南侧寻找救援点时，突然跑来一名上了年岁的人，他声泪俱下：“快救救我的孙女吧，她还埋在楼里呢，她父母不在家，我可怎么办呀……”听到这个消息，救援队在老大爷的带领下，跑步来到小女孩被埋压的地点。但是，现场情况触目惊心，危险万分。因为要想到达楼道口必须通过一条胡同，可胡同两侧是高耸的墙体，部分倒塌，大部分楼板飘挂在墙上。使命不容犹豫，王汝柱果断带领队员快速通过胡同来到楼道口，而后进入楼内，当队伍刚刚全部通过时，一块大楼板从六层滑下，正砸在队员刚刚通过的胡同中间，扬起的灰尘弥漫了整个胡同，大家都惊出了一身冷汗。“快到里边来，速战速决就是安全。”王汝柱大声喊着。队伍立即行动，首先将对面住室确定为救援基地，建立临时避难所，确保救援人员安全。然后，用不到十分钟打开了住室防盗门，但是门内被三层楼倒塌下来的楼板垂直插死，人员根本无法进入施救。他们立即采取了第二套方案，发挥矿山救护队在井下拆封密闭的作业优势，沿着门口边向南侧用大锤和铁钎拆开墙体，队员们分成四组轮番上阵，打洞施救。但是，就在墙体刚刚被打开一条缝隙时，余震发生了，楼外的墙体不断倒塌，楼内救援地点的楼板嘎嘎作响，碎砖碎瓦不断下落。队员们从容镇定，有序躲进用冰箱、饭桌和沙发搭建成的临时避难所。余震刚过，又开始了快速救援，墙体就要按计划拆开时，突然外面有人大喊“快出来，危险！”队员们不知发生了什么，立即停了下来。

决不放弃

王汝柱出去了解情况，原来现场指挥部考虑到楼内救人危险性太大，要求他们立即撤出，停止救援。王汝柱简单向来人介绍了他们队的救援意图，强烈要求继续救援，不惜代价也要救出孩子。指挥部同意再给他们 20 分钟时间。时间不等人，大家拿出了拼命的劲儿。党员高士伟，手被大锤碰伤，王汝柱几次要把他换下，可他就是不肯。墙体拆开后，正对的是一组被楼板埋压的沙发，当时队员们非常兴奋，凭经验判断沙发后面很可能埋压着小女孩。此时的队员们就像疯了一样，争抢着钻进墙内用手去撕扯沙发。队员杨志民的手被沙发钢丝严重划伤，鲜血直流，可他就是不肯退出来。时间一秒秒过去，希望就在眼前。但余震再一次发生，队员们哪管这些，与时间赛跑、与死神抗争，继续快速抢救……与指挥部约定的时间到了，指挥部人员再次驱离他们，但被他们坚决一搏、誓死救出孩子的精神所感动，同意再给他们延长施救 20 分钟。

随着时针的跳动，再次延长的施救时间也即将结束，队员们也急了眼，疲惫的身体里瞬间迸发出巨大的力量，“咯吱”一声沙发被扒开了，小女孩娇小的身体终于出现在眼前。

扶贫印象

作者 | 张国祝

汽车经过五个小时的颠簸，我们一行六人，终于到达了沧州盐山县小庄乡仉小庄村。看到同事于江、朱东升和乡党委副书记高俊青、村长仉建章在村口迎候，久别重逢的感觉在心中涌动。

不能给乡亲们添麻烦

2014 年 10 月，开滦集团公司安排我公司人员前往沧州扶贫。接到任务后公司专门召开班子会，选拔供电分公司党支部书记于江、林电分公司电气车间党支部书记朱东升、公司办公室干事王永明三人组成扶贫队，于江任队长。

第一次来到仉小庄村，是我和公司人力资源部李宏义部长等人送三位同志进驻扶贫点。当时，盐山县扶贫办芦铁柱主任、乡长王金华、村长仉建章热情接待了我们。乡村领导十分热情，特地将村委会腾出来作为他们休息和办公场所。看着崭新的被褥和粉刷一新的房屋，以及旁边简陋的村委临时办公室，我问道："占了你们村委会办公室，你们办公怎么办？""我们好办。"村主任随手一指，"在外边的过道屋。"所指房屋堆放着杂物，墙上、门窗挂满灰尘。当时我们非常感动，但一致认为不能因为扶贫，反而给村里增加负担和不便。执意要求下，我们选择了院内的一间储藏室作为住处，里面堆满了粮食、破旧电缆、农器具等杂物。于江说："我们收拾收拾就住这里了。"可以看出，扶贫队员已经做好了吃苦的准备。

山乡巨变

扶贫队很快进入角色，他们把对家乡的思念，对亲人的牵挂，化作对乡亲的责任和担当。白天，和村干部座谈，挨家挨户调研，下田间地头走访村民，绕着村庄查看地形，熟悉环境。村庄崎岖的小路上，不知留下他们多少脚印。晚上，他们互通想法，交换意见，认证方案，终于确定了扶贫项目。

扶贫项目得到集团公司、热电公司同意后，他们又马不停蹄跑厂家，比质比价，一项一项抓落实。在他们入村快一年的时候，一排排太阳能路灯竖起来了，村民告别漫漫黑夜；一条条泥泞的土道变成了平坦光洁的水泥路；文化书屋建起来了，村民有了闲暇时的好去处。

仉小庄环境变了，村民乐了。今年春节，我和公司党建部部长焦景峰等人前往仉小庄慰问，当时乡长、村支书、村长陪同我们走访了十来户村民，送去了食用油、大米等慰问品。每到一家，村民都会热情地和扶贫队员们打招呼、让座、倒水，几个村民都说："开滦派来的扶贫队员，好啊！"村民言谈举止朴实厚道，充满真情。看得出，短短几月，扶贫队员已经融入了仉小庄村。

一片赞誉

这次来，时节虽是深秋，古老的乡村已有些寒意。看着村庄环境的变化，听着当地领导和村民对扶贫队员夸赞的话语，感到别样的温暖，对扶贫队员的敬意油然而生。

盐山县副县长孙大欣说，开滦热电公司的扶贫工作，体现了担当精神，是我们学习的榜样。乡长王金华谈起扶贫工作，更是一番感慨："我接触过好

多扶贫工作队，热电公司的扶贫队员最踏实。”乡党委副书记高俊青说：“通过扶贫工作，我们两家已成了亲戚了！”

从仉小庄村返唐不久，扶贫队员转来省委副书记赵勇、副省长沈小平致全省扶贫驻村工作队的一封信，信中说：你们带着省委、省政府的殷殷嘱托，带着对贫困群众的深情厚谊，奔赴贫困村开展帮扶工作。驻村以来，你们舍小家，顾大家，与贫困群众同吃、同住、同劳动，帮助贫困地区办实事、解难题，做了大量富有成效的工作，得到了当地群众的普遍欢迎和广泛好评……

驻村工作队是打好扶贫开发攻坚战的生力军，省委、省政府对你们寄予厚望。从反映过来的情况看，大多数驻村工作队心系贫困群众，吃住在贫困村，多方出主意、想办法，有针对性地谋划扶贫思路、制定帮扶措施，扎实开展帮扶工作……

省领导的评价，三位同志受之无愧。

三次到仉小庄村，每次和乡村干部、扶贫队员接触，我都会生出越发亲近的感觉。贫困区的艰难，乡村朴实的民风，扶贫队员与村民们如此深厚的感情，在城市里是体会不到的。所见所闻，感受颇深：远在他乡不容易，做好扶贫工作更不容易。扶贫是艰苦的，需要担当，要有付出；扶贫是充实的，有快乐也有回报。它是难得的人生经历，会收获一种无形的财富，这种财富可享用一生。

救人救到底

作者 | 杨彩霞

2008 年、2009 年他曾为同一名素不相识的患者先后捐献造血干细胞和淋巴细胞，两次无私的大爱之举，给患者及其家庭带来希望和力量。

“我只是做了自己该做的事情，但是我得到了太多的荣誉。我要继续向前，能帮他人一点儿是一点儿……”郭鹏程的话语不多，但字字铿锵有力，这种力量来自他幼年深植于心中的感恩种子。

感恩与回报

郭鹏程出生在农村，父母的言传身教、淳朴的乡土民风，濡染着他幼小的心灵。在他 6 岁那年，父亲上山时摔伤，生命垂危，是村里乡亲们的及时救助，才使父亲脱离生命危险。乡亲们的帮助给郭鹏程留下深刻的记忆。那时他就抱定一个信念：好好学习，将来回报乡亲，回报社会。

2004 年，时任林南仓矿业公司团委书记的郭鹏程，响应开滦红十字会和开滦集团团委联合发起的“青年志愿者造血干细胞入库”活动号召，组织 100 名青年团员报名参加捐献造血干细胞活动，并带头接受血样采集，成为唐山市及开滦红十字会招募的第一批捐献造血干细胞志愿者。

2008 年 1 月，唐山市红十字会工作人员通知郭鹏程，他的 HLA（人类白细胞抗原）与一位白血病患者低配相合。郭鹏程当即同意进一步进行采血化验。2 月，经再次检测，他的各项指标均符合捐献条件。5 月，病人病情加重，生命危在旦夕，郭鹏程立即赶到石家庄为捐献做最后的准备。

2008 年 5 月 24 日，郭鹏程躺在捐献造血干细胞的病床上。4 年来的期待终于变成现实，郭鹏程坦然地看着由右臂静脉导出的血液，流进床边的血细胞分离机……他知道一条生命即将获救！

那时，没有人知道，就在两个月前郭鹏程自己还是一位需要输血的病人。因为工作忙碌、生活不规律，郭鹏程患了胃出血，需要住院治疗。这可难坏了郭鹏程，一边是紧张的工作，一边是需要迅速康复的身体随时准备捐献造血干细胞，两边都不能松手。郭鹏程只能白天去上班，晚上去医院输液。经过两周的治疗，郭鹏程的身体康复，保证了捐献造血干细胞顺利进行。他也成为开滦第 1 例、唐山市第 3 例、河北省第 38 例、全国第 962 例非亲缘性造血干细胞捐献者。

人性的光辉

上天似乎在考验郭鹏程的爱心。

时隔近一年，正当郭鹏程为企业、为事业奋斗时，一个消息传来，打破了他内心的平静。接受捐献造血干细胞的病人体检发现淋巴细胞出现了新问题。病人再次面临生死考验。病人亲属辗转找到了郭鹏程，看着病人家属憔

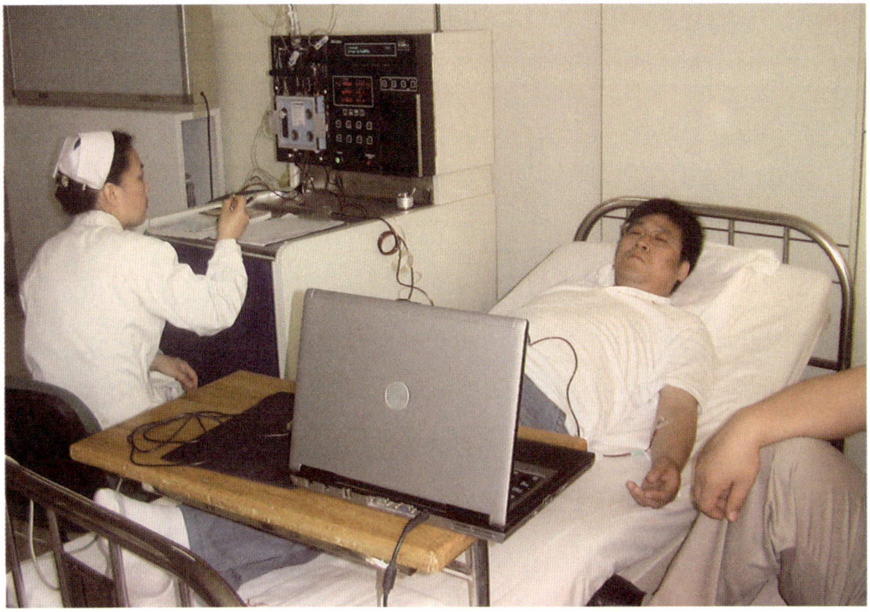

悴的面容，郭鹏程深感人世间的痛莫过于骨肉分离。因此，当河北省红十字会委托唐山市红十字会征求郭鹏程的意见时，他瞒着家人再次答应捐献淋巴细胞，并于 2009 年 6 月 15 日完成了捐献。

时隔不到一个月，郭鹏程收到一封来自安徽的感谢信："……6 月 15 日，获得第二次生命的我又一次得到了您无私的帮助，第三次获得了新生，我再一次死里逃生，如果没有您的无私精神，我的生命怕早已结束了。现在，我的病情已经基本稳定，各项指标都已向着更好的方向发展。7 月 12 日，我出院回到了老家。"

据开滦红十字会工作人员介绍，在全国范围内，两次捐献造血干细胞的志愿者，只有几十人。在唐山，郭鹏程是第一个，也是唯一一个。

当前我国等待造血干细胞移植的患者有 400 多万，别说两次无偿捐献，就是第一次捐献的志愿者的反悔率也高达 20% 至 30%，这让无数获得一线生机的生命再次陷入痛苦的等待。这名患者无疑是幸运的，因为他遇到了郭鹏程——一位内心充满爱的开滦员工。如果说第一次捐献是种责任，那么第二次捐献就是对亲情的珍视，对生命的敬重。

送人玫瑰之手，历久犹有余香

郭鹏程将帮助他人视为自己最大的快乐。“能帮一点是一点”是他母亲的口头禅，也是郭鹏程最真实的想法，是他播撒爱的原动力。正是在郭鹏程的带动下，2014 年，仓矿公司救护中队的工会主席马杰也为一名 18 岁的少年送上了生命的火种，再续博爱华章。继郭鹏程之后，开滦百里矿区内一个又一个“张鹏程”“李鹏程”延续着人间大爱，在唐山这座感恩的城市汇成了一股暖流，温暖着人们的心灵。

现如今，郭鹏程又接受组织安排，奔赴承德围场县开滦帮扶村进行精准扶贫，这既是代表组织履行社会责任，也是他内心非常愿意做的事。

矿山活雷锋赵奋魁

作者 | 张纳军

2017 年 2 月 14 日，《人民日报》16 版以《有困难找小赵》为题，对开滦股份吕矿公司的员工赵奋魁进行了报道。在此之前，他还曾获得过“感动中国矿工十大杰出人物”“中国青年志愿服务项目大赛铜奖”等诸多称号，受到中央领导的好评。赵奋魁是如何获得这些赞誉的呢?

煤矿来了个好苗子

2006 年 7 月，赵奋魁从邯郸学院毕业，而在分配到开滦之前，他就已经是一个好苗子了。在 2006 年至 2008 年支教期间，赵奋魁最怕听到的就是学生说不能再来上学了。为了少让几个孩子失学，赵奋魁支教期间每个月都会省出 200 元钱，用来资助念不起书的孩子，而当时他每个月只有 600 元的补助费。倾囊帮助贫困生的背后是他对自己衣食住行的极度“吝啬”。为了省下更多的钱，他半年不知鸡蛋味，一年不闻猪肉香，两年不买新衣服，一天三顿吃挂面或馒头、咸菜，而且就连挂面都有点儿吃不起了，于是每次吃挂面的时候都多泡 20 分钟，把挂面泡“胖”了再吃，支教 2 年他瘦了 30 斤。

有一次，赵奋魁到邯郸市参加讲座，回到县城已经晚上 9 点多了。县教委的同志给他安排好了住处，让他第二天再回学校。当时还有一个多月就要小升初考试了，赵奋魁说：“第二天回去，最少得耽误半天课。”县城有出租车，但打车至少得 60 元钱，60 元钱能买不少的笔和本。赵奋魁狠了狠心，从晚上 9 点多，一直走到第二天凌晨 5 点多，他在山里走了将近 8 个小时，脚上磨起了泡，泡又破了，和袜子粘在一起。

“有困难，找小赵”

2008 年 10 月，赵奋魁来到开滦，成为一名矿工，并逐渐成长为区科工会主席。10 年来，他时刻关注工友的生活、工作情况，“有困难，找小赵”也成了工友的口头禅。

“赵主席把区里每名职工都放在心上。”谈起赵奋魁对自己的关心和帮助，该区员工薛建、裴树强有很多话要说。

薛建是井运区的电车修理工，身患严重的皮肤病（银屑病），久治不愈，每月买药要花费近千元，妻子为此也与他离了婚，他每月还要支付给孩子 800 元抚养费，但他月收入仅 1000 多元，生活非常困难的同时，又因情绪压抑导致病情加重。赵奋魁详细了解薛建的情况后，不顾值完夜班后的疲劳，买来慰问品，驱车百里前往遵化市的疗养院探望薛建，临走时他又自掏腰包，把 600 元钱塞到薛建手里，要他买点营养品。在一旁的疗养院医护人员也禁不住啧啧赞叹：“薛建忒幸运遇到这么一位好领导。”

说到赵奋魁的好，员工裴树强也深有感触。“我妻子患肾衰竭，每周透析3次，我本人也有糖尿病、脑血栓、高血压，女儿无工作，儿子还在上学，每月光医药费就得2000多元。赵主席得知我的情况后，时常到我家探访慰问，给予我们最大的帮助。一次，他来我家时，看到我儿子正在做作业，就询问我儿子的学习情况。我说这孩子总体成绩还不错，就是英语基础差。接着我随口说了句，咱们家庭困难，请不起家教啊。星期天，我们刚吃完晚饭，就听到‘嘭嘭’的敲门声，我一开门，竟然是赵主席。他手里拿着一大摞证书对我说，我曾经当过支教老师，这是我的一些获奖证书，你就放心吧，我来给孩子义务做家教。我们一家激动得不知说什么好。从那以后，赵主席每个星期六、星期天都来为孩子辅导英语，孩子的成绩有了很大提高，期末考试时由原来的60多分一下提升到90分，他可帮了我们全家的大忙啊！”

第一次透支信用卡

2013年8月18日，赵奋魁在开滦吕矿公司道德讲堂宣讲时，突然接到了昔日教过的学生徐凯打来的电话，还没等赵奋魁祝福的话说出口，徐凯就说：“我不想去上大学了。”赵奋魁当时就急了，好不容易考上一本大学了，怎么能说不去就不去了。在赵奋魁的追问下，徐凯告诉赵奋魁，自己的父亲

因车祸去世了，父亲在事故中负主要责任，赔了别人很多钱。

“你千万不能有这种想法，好不容易考上大学了，可不能轻易放弃自己的学业。学费的事儿我来想办法，3 天之内我会把学费打到你的卡上。”赵奋魁说。

当时，赵奋魁家里刚买了房子没多久，除了每个月要还 1700 元的房贷之外，买房时向同事借的钱也要还。在此之前，他为父亲住院、弟弟建房子还各花了 1 万元，家里确实没有多余的钱了。但是再难，学生上学的事儿不能耽误，赵奋魁在活动结束后，立即用信用卡透支了 5000 元钱，给徐凯汇了过去。

徐凯的事让赵奋魁意识到个人的力量是有限的，爱心传递需要更多的人加入。他与开滦集团内外青年志愿者和各界爱心人士取得联系，倡导爱心助学。2013 年 10 月，他成立了“赵奋魁圆梦助学基金会”和“学雷锋志愿帮扶队”，以帮助更多的贫困生圆求学之梦。

爱的往事

作者 | 王胜欣　董慧芳

开滦集团赵各庄矿业公司信息科井下电话维修工耿兆江，一扫过去的颓态，脸上每天都洋溢着幸福的笑容，浑身充满干劲，这一切都源自开滦这个大家庭的温暖，源自一双双热情的手。

救了命

2007 年，耿兆江 7 岁的二女儿小铭肾功能衰竭，到北京治疗了近一年也未见好转，医院告诉老耿，要想保命就必须换肾。这对已经花光了所有的积蓄的老耿一家来说，真是天大的噩耗。每个儿女都是父母的心头宝，只要有一丝希望都不会放弃。为了二女儿，老耿厚着脸皮，敲开了所有亲戚朋友的家门却只借到几万元钱。为了省点儿钱，攒够换肾的费用，他们一家天天去饭店捡别人的剩饭剩菜吃，晚上就睡在厕所和走廊里，老耿的妻子还拿着孩子的照片和诊断证明，到大街上下跪祈求大家的帮助。当时，他们心里只有一个想法，手里每多出一分钱，小铭就多出一分活的希望，但是，希望却越来越渺茫，小铭的身体越来越虚弱，手术费还差很多。

“疾病无情，人间有爱。”正在老耿一家要绝望的时候，赵矿公司工会伸出了援助之手，为他办理了特困借款 3000 元的同时，还积极联系开滦日报等媒体向社会呼吁救助，募捐了善款 15 万余元。在单位和众多好心人的帮助下，老耿终于凑够了小铭的手术费用，一条鲜活的生命保住了。

解了难

小铭换肾以后，每个月不仅需要 3000 多元的医药费，还要定期去天津检查。虽然有医保，可以少花些钱，但是，妻子因为要照顾小铭一刻不能离开，大女儿小莹还在上学，老耿每月的工资也只勉强够一家人的吃喝，何况还有沉重的外债压在头上。此时的小铭身体虚弱，需要补充营养，却连牛奶都喝不上一口。就在极度困难的时候，开滦集团以及赵矿的领导再次伸出了

援助之手，不仅多次到老耿家慰问，送来了企业慰问金，还自掏腰包让老耿给孩子增加营养、添置生活用品，使一家人深受感动。

渴望着过上平静生活的一家人，总是被新的问题所困扰。2011 年夏天，大女儿小莹高中毕业考上了大学。拿着通知书，小莹又喜又愁。喜的是，多年的大学梦就要实现了；愁的是，家里连路费都拿不出来，更不用说学费、住宿费了。

为了上大学的事，全家急得团团转，老耿夫妻四处去借钱，而小莹也非常懂事，白天打工，晚上去夜市摆摊卖东西。可到了 8 月底上学的钱还是差一大半。小莹心里想着完了，上大学的梦想就这样破碎了，认命吧。就在这时，开滦集团公司开展的金秋助学活动，为他们一家带来了巨大的惊喜。董事长到了老耿家里，带来了来自集团公司工会、市总工会分别为 6000 元和 2500 元的助学金，亲切地对小莹说："放下心理负担，放心去读书。"小莹激动得不知说什么好，心里认定了一个理，一定好好学习，以优异的学习成绩回报社会和企业。

苦尽甘来，在开滦集团公司和赵矿公司连年来的帮助下，老耿一家人终于走出低谷，迎来了幸福生活的曙光。如今，小铭已经是一名成绩优秀的初中生了，小莹毕业后也留在开滦工作，家里的生活越来越好。

"感恩于心，报恩于行。"老耿一家人感谢开滦集团给予他们无限的帮助和难得的机会，他们表示，要用自己的努力和不懈的追求来创造美好的明天，同时也会怀着一颗感恩的心，把爱心的火炬不断传递下去！

爷爷的两次流泪

口述人 | 朱慧聪　记录人 | 聂丹丹

我叫朱慧聪，今年 26 岁，是开滦集团范各庄矿业分公司机电科的一名提升机司机。我的父亲朱伯东从 2005 年开始精神就不正常了，母亲久病在床，连最基本的家务都做不了。父亲每个月的工资连他俩的药钱都不够，我和弟弟的生活费、学费全靠爷爷攒一点儿，向亲戚和街坊借一点儿才勉强维持。街坊四邻都说我父母是“累赘”。可是生活再难，压力再大，爷爷始终都和我说：“困难是暂时的，总有天晴的日子！”

在我心里，爷爷就像大树一样为我和弟弟遮风挡雨。可为了我们俩上大学的事，爷爷却掉过两次眼泪。

记得那年，我刚考上大学，学的是护理专业，即将开学还在为学费发愁，只能把渺茫的希望寄托在爷爷身上，毕竟学费和住宿费不是个小数目。

听到我提起学费的事，爷爷无奈地看了看我的父亲，只见父亲时而抬头望天喃喃自语，时而对着门口大笑。

“没事啊孩子，我明天再找找村里，争取给你凑凑！”

“朱师傅在家吧？”正在爷爷为难的时候，一个声音在门口响起，来的人是父亲所在单位——开滦集团范各庄矿业分公司的李宝和主席。

“大爷，孩子该开学了，又是一笔花销。咱们家就是矿上重点帮扶对象，咱们还有金秋助学的政策，孩子上大学肯定没事，这不，我把互助的钱还有金秋助学的钱都给您带来了，一共 8109 元，都在这儿呢，您老别担心了。”

爷爷接过了李主席送过来的信封，端详着，抚摩着，反复地说“感谢党、感谢开滦，我孙女能上学了！”我看着爷爷，他遍布皱纹的脸上缓缓地滑落两行泪水，打湿了信封。

一转眼，我还有一年就要毕业了。那天，我正在院里洗衣服，弟弟一阵风似的跑了回来，手里扬着一个大信封，一边跑一边嚷：“爷爷，姐姐，我考上大学啦！”

爷爷笑着接过弟弟手里的录取通知书，左看看右看看，怎么都看不够似的。突然，爷爷的手一滞，原本喜笑颜开的脸上顿时阴云密布，哆嗦着把通知书放在了桌子上，叹了口气，低着头不说话。

我知道，爷爷是担心我们两个人的学费和生活费。

“爷爷，我不上了，让弟弟上吧。我毕竟……上过大学了，就……够了。”我嘴上说着，心里却有点发酸，我真舍不得我的学校。

过了两天，家门再次被熟悉的人推开，仍是范各庄矿业分公司的李主席。

“我听说咱家又出了一个大学生？大爷，恭喜啊！”

“是，可是，实在上不起了。大孙女眼瞅着就毕业了，家里实在是没钱供了，可是真舍不得让孩子就这么不念了，孩子能考上湖南师范大学也不容易。都是孩子，哪个我也不想耽误。”

“我们知道，这不是给您送朱师傅的职工重大疾病医疗互助还有俩孩子的金秋助学的钱来了嘛，一共13607元，您收好了。”

“主席啊，我知道你们好心，说实在的，我这儿子把家给拖累了，我再不管，这俩孩子就更苦了。可是，人要是过惯了手心朝上的日子，不是长事。”爷爷说着，手里卷着一支旱烟，哆嗦了半天，却怎么也卷不上。

“大爷啊，孙子能上大学，您有一半儿的功劳。这不，孙女还有一年就该毕业了，您家本来就是矿上重点帮扶对象，今天来就是看看孩子的意思。要是愿意，就给孩子办困难职工子女就业，来矿上上班吧，行不？”

爷爷的眼睛亮了，看着李主席说：“真的？我孙女能上开滦上班？她真的能上班？”

李主席帮我办好了困难职工子女就业的相关手续，我来到了父亲的单位——开滦集团范各庄矿业分公司，成了一名开滦人，弟弟也进入了湖南师范大学，开始了他的大学生活。当我把第一个月的工资放在爷爷手心的时候，爷爷一张一张地数着、数着。一边数一边说：“这是我孙女的工资，这是开滦给我们的希望，这是党给我们的幸福。”阳光下，我看到爷爷那泛着泪光的眼睛，那么沧桑，却又那么明亮。

授人以鱼不如授人以渔。企业给了困难职工多方救助，也给了职工子女自强自立的平台。这是开滦集团的一种传承——爱心与自强的传承。

“愚公”修路

作者 | 高建强

河北唐山林西新城，开滦赵各庄矿退休职工高金林年近古稀，如今还瞄着“矿山铁汉”侯占友的样子干，垦荒拾荒、扶贫济困、修树修路、美化环境……文化惠民义举诸多。

修桥补路扬善行

高金林 16 岁下乡，6 年后到开滦赵各庄矿下井，和全国劳模侯占友赛“翻番”，带着一面袋干粮下井，出煤多进“一排”“两排”没二话。他 36 岁入党，多次被评为先进生产者、优秀党员和小组长、市工会积极分子……

2006年，他退休尽孝之余，仍保持初心本色。同住工房的人总把他误当成居委会工作人员。一天下午，他在石榴河畔修剪树枝，忽见一老姐哭着奔向水坑，他急忙追上去拦住，劝解、送回家，直至她家庭恢复和睦。

6年前，他迁居新城，见救护队员训练路上绊了个趔趄，经查看，路面多处裂缝。“铁汉”老去、精神常存。他找来工具，开始了义务修路。小区内外数十里，坑坑洼洼处发现必修。他先清抠缝里的泥土，推走废料、推来水泥石渣，按比例和灰、抹缝、补坑，还请教专业修路人员。从小区修到古范路，一段斜陡坡公路没修通，他用矿井砌大眼儿的法修通了。一段路断茬错缝，车流匆匆，他的心里也随着“咯噔、咯噔……”他从10多里外的家备料并推来，修复、养护好。再看车流“唰、唰”而过，他听着舒心，一分钟能过50来辆，一年能方便多少人。见哪里有施工剩料，他就收集起来，手里有俩钱就去买水泥，15元一袋，抹不了几米路缝。家人由不支持到半支持，儿子毕业有了工作，30多岁了还未婚，反搭他几万记不清。哪里有遗留地表的铁地脚茬隐患，全区几十处他了如指掌，还拍洗了照片多方反映。出摊的见他修路辛苦，送他早点、啤酒，还有非给200块钱的，推不过他转脸塞给了残疾人。去年夏天，他图赶凉快、出活计，干到了晚上10点多，两名记者采访了他，视频浏览量迅速近万。

他发现早点部冒黑烟，急忙用车从就近的石榴河来回推水，用了8桶水才把火浇灭。第二年，他被评为古冶区优秀党员。

盖大棚　修树　只为分享绿色

机务段荒废的南大门外，有150多平方米的空场地。他在水泥面上推土垫地造田，买塑料布、捡树枝盖大棚，种萝卜、白菜，浇水、施肥。长出的香菜清纯水灵，给孤寡老人送去沁心清香。因附近没水源，后改种玉米，收成放棚外给邻里共享。有空他还捡废品，每月能卖200多元，也用于资助残障人。他拾荒到大庄坨养鱼坑边，见没有门窗的小屋里躺着个人，还活着……他先从家里给他拿吃的，又把家里闲置的门窗运过去安上，还给钱给物。

他常围着一条破旧的绿纱巾，因为他喜欢绿色的生机。

小区路边栽有 90 棵杨树，他义务修剪，并保持树形周正，现已成材在望。

寓教于美　让高墙变成画廊

小区地段偏远，为丰富居民生活，他自费摆书摊，路边、电线杆、水泥墩，他都写上漂亮的隶书大字……

2016 年，他出资征集举办书画展，共征集 120 多幅，并为前五名发放现金奖，受到居民和区委赞许。为保管作品、建设文化阵地，他自费租底商，克服没水电没门窗的困难，开办字画店，收益用于资助贫困户。受他的义举感召，有 10 多位书画家常来献艺献作，还时有外地大家慕名来访献艺捐物。一画友所赠字画妙笔精工、如临仙境。造化弄人，作品养人品。他对大家的引领，春风化雨、润物无声。

小区往西的路旁，原来是荒草遮围墙。他提前除草，自费买彩料，先用白漆打底子，再请画家们彩绘，酬劳是从大棚里摘瓜。赶上 2016 年零下 16 摄氏度的那几天，墨汁结冰，他用热水兑彩料，起头先画了“金鸡报

晓”……13 幅山水花鸟字画赏心悦目，一路 50 米文化墙。

在小区东西原来的高墙上，他牵头先试画了一幅 20 平方米的“年年有余”。单和西路的画廊就耗资数千，如因地制宜画 75 幅，又将是一笔不小的开销。

虽然是字画店，居民们来歌舞夜场时经常会来参观，每晚他都服务到九点多。

年前，他筹备百副春联下乡，文化惠民，路通人心。

他属龙，办活动却爱朗诵那首诗：“……羊吃草，挤出乳汁；蚕食桑叶，吐出银丝；我愿做蚕、羊，把丝缕、香甜，送往千家……”

大美开滦

第六篇

薪火相传

每个企业都有生命周期。历经140年的开滦至今基业长青，源于深厚的企业文化底蕴，源于一代又一代开滦人红色基因的传承，源于开滦特别能战斗精神的发扬光大。

百年老店的金字招牌

作者 | 李　鲲

140年前，唐山乔家屯的一声钻鸣，破开中国农耕文明的坚冰，宣告了中国近代民族工业从此启幕。

140年后，在诞生了中国近代工业20多个“第一”与传奇之地，工业旅游之花傲然绽放。一座世人瞩目、雄浑壮美的中国矿业文化名园巍然屹立，成为百年老矿转型发展的新亮点，成为百年老店一块熠熠闪光的金字招牌。

开滦国家矿山公园，是由国土资源部批准建设的全国首批国家级矿山公园，坐落于遗址遗存遍地的“中国路矿之源”，由矿业文化博览区、“国保”遗址观光区、时尚文化休闲区三大板块组成，包括开滦博物馆、井下探秘游、蒸汽机车观光园、开滦魔力之地、中国第一佳矿1878、电力纪元1906、金达纪念馆等景点。走进一座座饱含历史沧桑的老旧厂房，抚摩一台台尘封百年的工业器物，聆听一段段鲜为人知的名人逸事，宛如置身历史记忆的长河。在工业感的环境中，在历史与现实的碰撞中，品赏厚重工业文化，体味浓郁城市风情。

开滦博物馆以翔实的史料、丰富的展品、新颖的展陈形式，阐述了煤的生成、由来，记载了中国路矿之源的历史遗踪，重现了因煤而兴的唐山城市文化记忆。馆内展出的中国迄今存世最早的股票——“开平矿务局老股票”、尘封百年的“羊皮蒙面大账本”、中国第一条准轨铁路上的铁轨、“开平矿权骗占案”跨国诉讼《笔录》等镇馆之宝，以及48件一级文物、72件二级文物、326件三级文物、上万件馆藏珍品，记述着开滦创造的20多个中国近现代工业史上的第一，引领人们细细品读矿业文化的独特魅力。

“井下探秘游”是一处集体验、展示、休闲功能于一体的地下探秘区，由位于博物馆地下数十米的煤矿井下老巷道改造而成，曲折蜿蜒，引人入

胜。其与博物馆连通一体的设计浑然天成，游客可乘电梯从博物馆四层直达井下古老巷道，实现神秘、刺激、好玩的“井下探秘游”之旅。穿过梦幻般的百米“时空画廊”，进入纵横交错的古巷道遗址，宛如走进一座地下迷宫。这里，真实再现了从原始挖煤到现代化采煤的九个真实工作面，穿行其中，仿佛徜徉在煤炭开采教科书中。寻幽前行，旧时的马厩、骡马运输、特殊年代的人防工程、色彩斑斓的地质世界，带给游客无限的好奇和遐想。游客还可于清幽的地下休闲吧小憩，抑或在目前国内最大的井下 4D 影厅，迈入险象环生的《石炭二叠纪》，感受大自然的神奇造化；亦可乘车游览探秘，穿越深邃幽暗的地下空间，品鉴矿业文化的独特魅力。

“国保”遗址观光区内，大量矿业遗址散布其中，使游客得以饱览百年工业遗迹经典，触摸近代工业风雨沧桑。其中，中国第一佳矿（唐山矿一号井）、中国铁路源头（唐胥铁路肇始之处）、中国最早铁路公路立交桥涵（达道）等第七批“国保”，和唐山矿二号、三号井等第六批“省保”错落分布在唐胥铁路起点沿线，静静地供游人追忆中国工业崛起之初那艰辛坎坷又波澜壮阔的岁月。中国第一佳矿 1878、电力纪元 1906 等分展馆，展示着于 20 世纪初从国外引进至今仍在运转的大型绞车、中国最早的火力发电机组等一级文物、珍稀馆藏、老照片，娓娓讲述中国路矿之源的曲折发展历程。

开滦蒸汽机车观光园内，中国铁路源头博物馆、蒸汽机车展厅、唐山

老火车站（复建）、唐胥铁路景观天桥等庄重典雅、气势恢宏，具有浓郁的大工业气息。其中，中国铁路源头博物馆讲述了蒸汽机车、中国铁路前世今生，可以带游客追忆路矿之源坎坷发展历程。开滦工人复原的“龙号机车”、中国第一台进口蒸汽机车、牵引李鸿章视察花车的11号蒸汽机车等各种老式蒸汽机车、绿皮车厢组成的“车阵”，与复建的唐山老火车站形成一道独特的风景，是一处很好的影视拍摄基地和游人游玩留念之所。

金达纪念馆由开滦29号洋房修葺而成，僻静幽深、丹楹刻桷、中西合璧、古色古香，是市民追忆城市历史、消遣休闲的好去处。

开滦国家矿山公园以其典型稀有的中国近代工业遗迹、丰富珍稀馆藏和开滦工人阶级“特别能战斗”精神，成为独具文化魅力的城市名片和找寻记忆的精神家园，被众多专家学者誉为一座“无处可比拟、无地可替代”的中国矿业文化神圣殿堂。

至今，已有21位党和国家领导人、60多万名中外来宾到此参观，这里先后被命名为全国青年文明号、国土资源科普教育基地、全国科普教育基地、国务院首批全国资源型城市重点旅游区、全国重点文物保护单位、全国红色旅游经典景区、国家4A级旅游景区、首批国家工业旅游创新单位、全国旅游系统先进集体、国家工业遗产旅游基地。2018年，开滦国家矿山公园入选河北省不得不游的十大研学基地、北京市中小学生社会大课堂河北资源单位。

开滦国家矿山公园，怀旧，时尚，探秘，休闲，新奇，好玩。凝聚黑色魅力，传承红色经典；追忆工业文明，解读城市基因。

开滦国家矿山公园——中国近代工业从这里走来！

永不褪色的“红旗采煤队精神”

作者 | 节金阳

1975 年，在庄严的人民大会堂，一面被誉为全国“十面红旗”之首的“勇攀高峰的红旗采煤队”锦旗被高高举起，它刻录与见证了原开滦范各庄矿业分公司（以下简称开滦范矿公司）采煤四区在国民经济发展第四个五年计划期间月产煤突破全国纪录的辉煌业绩与历程，记录了“特别能战斗”的开滦范矿人从拼搏奉献走向时代领先的历史印记。43 年来，“勇攀高峰的红旗采煤队”精神在几代开滦范矿人中薪火相传、历久弥新，已然成为团结进取，开拓创新的宝贵精神财富，成为引领和激励他们肩负时代重任、履行发展使命的重要动力源泉。“特别能战斗”的开滦范矿人靠着这种精神谱写了一曲曲壮丽的诗篇……

实现“千吨高效”新跨越

多年来，开滦范矿公司坚持把“勇攀高峰的红旗采煤队”精神根植于员工心中，让其化成一股前进的动力，驱使员工在挫折中奋起，在困难中奋发，在改革中奋进。范矿人在这场全力冲刺千吨高效目标的战役中所表现出的坚韧、勇敢与智慧，正是对红旗采煤队精神的传承和发展。

“高标定位、勇于担当、争创一流、再创辉煌”，以此为导向，开滦范矿公司完善了“安全、高效、优质、低耗、全面、创新、协调、持续”领军型矿井建设思路，确定了以技术创新、管理创新，优化劳动组织、优化生产制度、优化技术装备为内容的“两创新三优化”工作方法，坚定不移地向人均千吨高效矿井的目标迈进。他们充分发挥 3123、2529 等骨干工作面的产能优势，强化薄煤层工作面储量挖潜。积极探索“弹性时间、订单生产”工作法，优化回采作业流程，推进劳动组织革新，稳步提高原煤生产效率。他们全面推广应用自移式皮带输送机机尾装置，围绕制约运输提升系统提效的瓶颈，实施新主井井底低压供电系统改造、新副井下井口罐道改造以及老主井接受仓改造等技改工程……通过优化顶层设计，创新思维模式，积极应对挑战，奋力攻坚克难，实现了人均千吨高效矿井新跨越，成为开滦集团公司唐山区域首家实现这一目标的单位。

打造“安全质量”新标杆

在范矿公司 2573N 工作面，员工李金强感受着安全生产标准化带来的变化：备件区、备料区、回收区，各类生产用料分类码放，块数、高度、间隔标准统一，液压支架一条线、轨道平顺一条线、管线吊挂一条线……用他的话说，在这样的工作环境中，即使是一名新工，也能迅速进入工作状态。

这是开滦范矿公司综采一队（原采煤四区）员工仅用了 24 天时间，就

打造出来的安全生产标准化精品工程标杆。近年来，他们在安全生产标准化治理中表现出的干劲与智慧，正是对“勇攀高峰的红旗采煤队”精神的诠释和再现，2573N 工作面、3X73 工作面等均被上级公司命名为精品工程，同时也得到了河北煤矿安全监察局和冀东分局监察组等上级领导的高度评价。

“安全生产标准化是安全发展的基础，是确保原煤产量稳定高产的关键。”这不仅是范矿公司综采一队一直以来秉承的原则，也是开滦范矿公司推进安全生产标准化始终坚守的“初心”。为打造安全精品矿山，他们坚持各项工作全程标准化融入。针对制约安全生产的瓶颈问题，改！发现与安全生产标准化不合拍的实际问题，改！他们紧紧扭住安全生产标准化这个“牛鼻子”，发动公司上下给生产现场“动手术”，擦亮了安全生产标准化专项治理的利剑，在工作面树立起一面面闪光的旗帜。2017 年，范矿公司深入推进安全生产标准化工作，有 16 条作业线被上级公司命名为精品工程。

为了“龙号机车”的再现

文 | 赵平安

2018 年 3 月 28 日，开滦国家矿山公园内的“蒸汽机车观光园”揭开了神秘的面纱，一辆两侧镶嵌着腾飞龙标的机车静静地停在轨道上，消失已久的中国第一台蒸汽机车——“龙号机车”再次出现在世人面前。

缘起“龙号”

137 年前，“龙号机车”横空出世，拉响了中国铁路的第一声汽笛。在“中华世纪坛”记录中华文明五千年历史的青铜甬道上永久留名。可惜的是，这台凝聚着中国大工匠精神和精湛技艺的杰作，这个在中国铁路史上有着极其重要意义的“第一”，竟在 1937 年日本侵华时期神秘消失，不禁令人扼腕叹息。百余年来，“龙号机车”已然是唐山人心中难以忘怀的城市记忆符号，它的遗失，导致我们无法真切领略 19 世纪中国近代工业早期大工匠精神的神韵。

2017 年，“龙号机车”神秘失踪 80 多年后，为了弥补遗憾，在世人面前展现开滦厚重的历史和当前的辉煌，开滦集团公司领导提议复原“龙号机车”，并将任务下达给了开滦的工匠们，要求用原工艺、原尺寸、原机理，于 5 个月内完成复原工作。这可不是仿制一个外壳、做一个模型，而是要重新制作一台与“龙号机车”一模一样的真家伙，还要达到点火就能够行驶的标准。

复原“龙号”机车是一项复杂的系统工程，其设计理念、制造工艺、连接方式等不仅要符合 19 世纪的技术水平和时代特征，还要具有完整的内外部结构，加之没有图纸、资料又少，这看起来几乎是一项不可能完成的任务。

困难压不倒开滦的工匠们。开滦铁拓公司接到任务后，立即组织成立攻关小组，并聘请了许多退休的老技师进行技术指导，其中年龄最大的 82 岁。他们四处走访搜集资料后，结合老同志的经验，最终确定设计思路和制造流程。根据仅知的“龙号”机车长度尺寸、轨距宽度及历史照片，利用 3D 立

体设计、平面设计软件反推机车结构、零部件的具体位置和全部尺寸。攻关小组白天进行技术探讨、测算数据、手绘草图、编制工艺流程，反复推敲筛选设计方案。晚上还要把白天设计出来的结构和零部件绘制成标准图纸，将有关数据和工艺汇总整理。经过一个多月的顽强拼搏，终于完成了“龙号”机车 4000 多个零部件、1000 多幅复原设计图纸的绘制出图工作，成功设计出机车的所有结构和零部件，迈出关键性的一步。

历史再现

图纸出来了，标志着“龙号机车”的复原工作进入了紧张、烦琐的制造阶段。全公司车、钳、铆、铣、钻等工种精英各显其能，团结协作，紧密配合，有条不紊地完成各个零部件的加工。机车锅炉、气缸密闭容器的连接和密封，均采用 19 世纪铆接工艺，不用一个螺丝，没有一处焊接。为了做到完美，他们设计制作出专用的铆接、胀接、卷边工具，像绣花一样，一点接一点地在钢板之间、结构件之间进行铆接，硬是把 3000 多个铆接点、42 根烟管的胀接、卷边和密封做到了极致。机车上的照明灯、各类安全阀、蒸汽

塔、水表、吸上式水泵、柱塞式水泵、放水阀、汽笛、气门及各种操作装置的零部件，都是由技师们依旧样手工制作，还对加工刀痕进行了精心打磨，对零件表面做了防锈处理，使整台机车充满了历史气息和时代风格。整机的机械运行还通过了技术调试，达到了“点火就能运行”的目标。经过三个多月精心打造，终于完美复原。

英裔华籍关内外铁路史专家、开滦博物馆荣誉馆员皮特·柯睿思先生在制作现场参观时，赞不绝口。他认为这台“龙号机车”清晰还原了蒸汽机车的工作原理，真实反映了当时的设计理念、制造工艺和技术水平。

如今，一台按原尺寸、原机理、原功能、原工艺完美复原的“龙号机车”，静静地陈列在开滦蒸汽机车观光园展厅内，其工艺考究、古色古香的气质，赢得游客的交口称赞。让游客在“中国铁路源头”，在“龙号机车”的制造地，可以重温中国工业发轫时的辉煌与荣耀，领略开滦工人伟大的创造力和薪火相传的工匠精神。

用智慧为矿山提智

作者 | 杨彩霞

刘少辉由一名普通的技校毕业生，成为开滦集团首席技师、河北省能工巧匠、全国煤炭行业大国工匠、全国煤炭工业劳动模范，用自己的聪明才智服务矿山，提升矿井的智能化水平，走过了一条既平凡，又艰辛的道路。

拜从高师　筑匠心

1992 年 9 月，刘少辉从开滦技校毕业后被分配到林南仓矿机电科绞电维修班。绞车电气维修工技术性非常强。初到矿山工作，主井下井口突然发生电气故障，他独自处理了 1 个小时都没有找到症结。然而，师傅赶到后只用了 5 分钟就把故障排除了。这让刘少辉很佩服，决心也要成为像师傅一样的技术高手。

刘少辉的师傅是当时绞电维修班的负责人刘志国，那时刘志国还不是刘少辉的师傅。因为刘志国技术过硬，刘少辉经常围在他身边问东问西，刘志国总是会把问题产生的原因和解决的办法一样不落地讲给刘少辉，而刘少辉的好学也给刘志国留下了很深的印象。

1998 年，刘少辉正式拜刘志国为师，二人成为名副其实的师徒。第二年，在开滦集团公司技术比武中，刘少辉就取得了第一名的好成绩。一时间，这对厉害的师徒在仓矿声名鹊起。

“矿上所有绞车设备方面的图纸都在师傅脑子里……”提起师傅，刘少辉特别自豪，自认为跟师傅相比还差很多。而在师傅眼里，刘少辉在技术上早就青出于蓝了，他脑子活、想法多，接受新鲜事物快，能够时不时地对设备进行一些小改造。

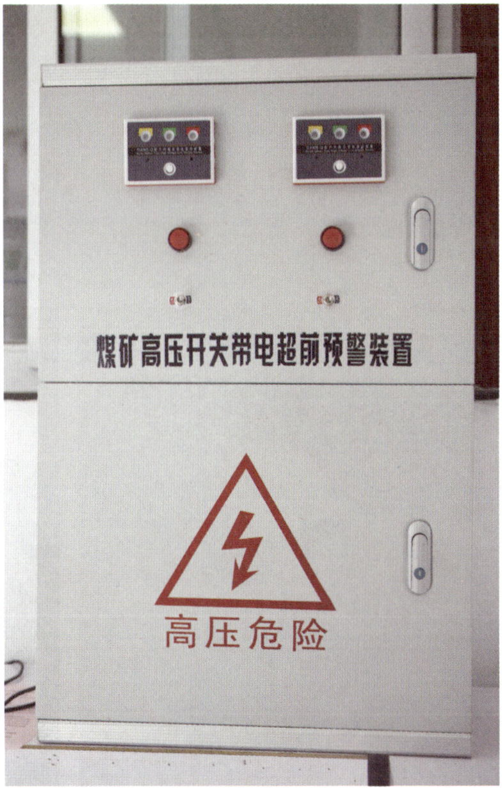

2013 年，刘志国退休，刘少辉从师傅手中接过了接力棒。虽然担子很重，但刘少辉却走得很稳。

苦心钻研 践匠行

2008 年，为了向智慧矿山靠拢，林南仓矿主井上了 PLC 系统。这一改，智能化是上去了，可新的问题也出来了，以前的老设备和 PLC 系统的兼容经常出现问题，大毛病没有，小毛病不断。看着工友因为设备不配套而工作量大增，刘少辉很着急。他想，既然设备不能够完全适应林南仓矿，能不能将它改得适合林南仓矿呢？

“当时，PLC 系统对我来说是全新的，虽然有心要改造它，但是在没有技术储备、没有知识积累的情况下提改造，那是不负责任的。”刘少辉说。

为了学好维修技术，刘少辉先后订阅和购买了《电子技术》《电力拖动》《电器维护》《PLC 控制原理》等杂志和专业书籍埋头苦读。不仅如此，每次厂家来对 PLC 设备进行检修、处理故障时，他都会跟在一旁学习，以此来验证自己学习到的 PLC 系统知识。很快，刘少辉成了 PLC 系统的“土专家”。他开始从周边部件对 PLC 系统进行改造，改造成功后，再一点点地对主系统进行升级改造，最后改造出了一套适应林南仓矿的 PLC 系统。厂家的技术专家再来到林南仓矿时，被这套 PLC 系统给震惊了，反过来想要跟刘少辉要技术支持。

多年来，刘少辉用心记下了提升机故障检修的每一次过程，笔记里包括设备名称、型号、故障部位、原因、操作程序以及相关原理分析等内容，达 20 余万字，堪称矿井提升机电的小百科。他利用业余时间将自己的检修笔记进行编辑整理，由煤炭工业出版社出版发行了《矿井提升机电控系统工作

原理及故障分析》一书，成为行业培训教材。

身体力行　传薪火

一枝独秀不算春，百花争艳春满园。成为技能大师的刘少辉，在不断钻研继续提升技能水平的同时，还执着于技能和工匠精神的传播，成为开滦技能大师传播队的骨干成员、创新联盟的发起人、河北能源职业技术学院的客座教授。

在开滦首届和二届职工发明创意大赛中，刘少辉带领团队研发的“采用‘光栅栏’实现矿用高压开关带电超前预警技术应用”“矿用提升机盘形闸空动时间检测仪”2个项目获金奖，“矿井模拟提升机”“压缩空气水冷空气调节器”2个项目获银奖，另有3个项目获铜奖，12个项目获评优秀奖。此外，他还带出了一个状元徒弟黄卫平（在2016年集团公司首届职工技能运动会上获矿井维修电工初级组第一名），带出了一个全国工人先锋号班组，在百里矿区播撒着技术创新的种子，传播工匠精神的薪火。

父亲·榜样

作者 | 赵相林　杨丽君

每个人都有父亲和母亲，他们是我们人生的第一任老师，更是我们心底里想要模仿、超越的榜样，我的故事就要从一位父亲说起。

故事的主人公名叫刘玉刚，今年51岁，是林西矿业公司物管科的一名汽吊车司机。他魁梧的身材、炯炯的眼神，外加一双大而有力的手便充分地向我们展示了他怎样在汽吊司机岗上度过了漫长的25年。而造就他身上的这种踏实、稳健、任劳任怨、默默无闻等优秀品质的正是他的父亲。

刘玉刚的父亲在退休之前，也曾经是林西矿业公司的一位资深优秀共产党员，是父亲的谆谆教诲和父辈们“特别能战斗”的开滦精神深深地影响了他。

25 年来，无论是炎炎夏日还是数九寒冬，他都以父亲为榜样，以党员的标准要求自己，行程数万里，奉献工时 7000 多个小时，吊运物品不计其数，却从未出现过一例安全事故。只是在他这样的工作强度下，待在家里的时间越来越少，准时下班的时候越来越少，被电话临时叫走处理突发事故的情况却越来越多。看着自己越发年迈的父亲，特别是父亲在一年之内相继两次因突发心脏病住院之后，刘玉刚就特别渴望自己能休个假好好陪父亲待上两天，可工作一忙起来，他就身不由己了。每当他面露难色的时候，父亲却又总是推着他出家门说："忙去吧，矿上的事再小那也是大事，早点回来，我等着你！"

就这样，一直到 2006 年的冬天，这一天，一家人刚吃过晚饭，刘玉刚见父亲脸色不怎么好，便搀扶着他回到卧室，并关切地问："爸，您哪儿不舒服啊？要不您先躺一会儿，我去给您倒杯水喝。"说完，他径直去了客厅。这时，电话铃声响起，是科领导打来的紧急电话，说五号井溜煤嘴皮带架子严重变形，已经影响原煤提升，必须调用汽吊车配合快速抢修！刘玉刚放下电话，嘱咐妻子照顾好父亲，就急匆匆穿好衣服冲出了家门。可他全然不知，当自己走后，父亲因突发心脏病昏迷不醒，是妻子和儿子拨打了 120 急救电话。在去往医院的路上父亲被争分夺秒地抢救，而此时，刘玉刚正在零下二十几摄氏度的汽吊驾驶室里，聚精会神地操纵着汽吊车的操纵杆，时而前进、时而倒退，他顾不上喝一口水，没有一会儿的空闲，一直干到次日凌晨天微微发亮。这时，眼看事故就要处理完了，他长出了一口气，在狭窄的汽吊车室里微微地伸展了一下疲倦的身体，无意间碰到了放在一旁的旧报纸。他顺手捡了起来，正对自己右下角有一块版面叫"网言网语"，其中的一段话引起了他的注意，这段话是这样写的："如果再给我们父母三十年的时间，我们除去吃饭、睡觉、工作和应酬以外，每个人大概有一个月，共计三十天的时间用于陪父母，所以请珍惜！"是啊，刘玉刚本来就觉得亏欠父母，更何况自己已为人父，就更能体会父母对自己的那份感情。突然，他想

起了昨天晚上离家之前父亲满脸痛苦的表情，他一下子怔住了，随之一种强烈的不安袭来，可还没等他缓过神来，妻子便哽咽着打来了电话："玉刚，你咋还不来呀，爸……快不行了！"这番话如晴天霹雳，刘玉刚的泪水像开了闸似的止不住地落了下来，打湿了手里的这张旧报纸。当他转过神来飞一般地赶往医院，面对的却是父亲已经离世的噩耗，他一下子瘫软在医院的走廊里，满脑子全是父亲的影像和慈祥的面容，此时，刘玉刚除了落泪，什么也说不出来……

事后，这位连续多年的开滦集团级劳动模范，噙着眼泪说："我并不后悔自己的选择，如果时光可以倒流，父亲仍然会言传身教地鼓励我好好工作，仍然会推我出家门，仍然会笑着对我说'早点回来，我等着你'！可这一切都不可能了，唯有像父亲那样把这种大义情怀传承下去。"

故事讲到这里我想说，父亲是什么？父亲到底是什么？父亲是儿登天的梯，父亲是那拉车的牛，父亲是儿心中一面不倒的旗帜，是我们永远学习的榜样！

"煤二代"心里的"特别能"

作者 | 谢志军

王子钊，开滦集团赵各庄矿业有限公司机电科的一名井下电工班长，负责井下大型设备电气的维护、检修工作。他出生在赵各庄矿医院，从小到大生活在赵各庄矿区，是一个土生土长的"煤二代"。矿区生活的经历，使得他脑子里埋下了开滦人"特别能战斗"精神的种子。现在，作为赵各庄矿职工，在企业去产能、转型发展的特殊时期，他的心里满是"特别能"。

王子钊 1997 年参加工作，日常工作主要是和立井提升设备打交道，至今已 21 年。身处电工岗位的他深知，井口设备一出问题，就会第一时间绞人、绞料，进而影响出煤。特别是每当看到各级领导焦急地盯在绞车房，一遍遍地问还要多长时间能好，他更加深刻认识到，机电设备的完好直接关系到矿井和工友的安全，直接关系到企业的生存与效益。所以他的心里始终有这么一句话："机电检修没小事儿。"作为机电战线上的"煤二代"，他必须在日常查验、设备维护过程中，豁得出自己、付得出辛苦，这才是自己的责任与担当，才能对得起心里的"特别能"。

2017 年 11 月 3 日，9 西的水突然涌了出来，7-10 井筒被灌，7-10 下井口水位迅速升高，导致信号操作台和井口的大量设备被淹没，7-10 井无法正常运转……当时有的伙计就觉得抢修工作太累、太苦，不愿意去。但是，王子钊想现在正是煤价特别高、全矿干部职工心气特别高、采掘单位的工友们铆足了劲儿多出煤的时候！时间就是效益、设备必须得马上转起来！他得赶紧下井，带着大伙儿尽快把设备都弄好！这样的想法驱动着他带领大伙将完好的信号操作台、两台推车机电机、西门子 300PLC、扩展模块、端子排等设备运到 7 道巷备用；同时，他急切地关注 7-10 下井口水位变化，因为一旦水位有所下降，他就能赶紧带着人下去抢修。那时候，他就想让水位快点儿下，让时间慢点儿走……

在第二天的夜班，水位终于降下来了，他忙带领着工友从7道巷顺着斜井跑到9道巷。下过井的人都知道，夜班走路非常累，更别说跑斜井，他的两个腿肚子累得都转筋儿了，但“煤二代”的身份告诉他：“还不是歇的时候！要马上抢修！”他用力紧了紧防水叉裤，开始抓紧操持——查验9道巷潜水泵开关，安排人员安装9道巷斜井口潜水泵。

紧接着，他带领工友小王跑到10道巷，在距离地面1000多米、通往10道巷水仓的路上，蹚着的是1.5米深的涌水，挂着车链的铁矿车都漂在昏暗的黑水里，“说真的，当时心里有点怕。”但又是“煤二代”的身份告诉他：“真是不能怕，挺过去就好了，要抓紧！”他们蹚过深水，查验水仓潜水泵、恢复下井口罐窝潜水泵、更换下井口信号PLC和端子排，加装罐窝潜水泵……检修时汗珠子不住地往下掉，他就拿沾满油泥的手背儿抹一把，接着干。距离下井过去十个小时，饿了他就垫巴口凉馒头，喝一口凉水……就这样，在下井17个小时后，“信号终于都好了，罐窝的水位终于满足运行要求了，大井终于恢复正常运转了。”他累得瘫坐在满是淤泥的地上，长长地舒了一口气……

这就是矿山的“煤二代”，他们参加工作后突出展现了“特别能战斗”精神，他们心里始终爱着矿山、脑子里想着矿山、千方百计多出煤为了矿山。在企业转型升级、改革发展新征程中，他们要把身为“煤二代”的责任转化为立足岗位干工作的动力，满怀新希望，再做新贡献！

根植煤河善笔耕

作者 | 高建强

陈欣，唐山人，自开滦退休，中国散文学会、中煤作协、河北作协会员，中华精短文学会副会长、华北分会会长、签约作家。其作品多载各级报刊媒体，多获市省、国家、国际作品和诗人名录奖项。随其名望和友情倍增，对他第四本新著《梦回唐朝》尤珍，获藏《陈欣作品选》《岁月回响》《新春文稿集》系列，研读其力作，叩问这位矿工作家的成长历程。

奥陶水催生的矿工作家

1984 年，那场威胁开滦 4 矿的奥陶纪透水，激发了这位雪芹同乡的写作激情。“常来，你的精神常在”，本来已经带领点班脱险的共产党员工长，发现只差一看泵的老师傅没跟上来，毅然返身回去，等半路找到再回撤，比腰粗的水柱横住退路，他毅然把老师傅推了过去，铸造了灾难中舍己救人的矿工魂，逝者长眠 400 米地下，激励生者奋发。陈欣从此发掘记载了一代开滦普通人的风采丰碑。事迹鼓舞人，作品教育人，常年的含英咀华也升华了自身和陈欣的精耕细作。

20 多万字的红皮书《陈欣作品选》中，水土风物深沉沧桑，散文小说激昂涤荡，诗歌杂谈跃动灵犀，堪称点亮一方的煤矿文学。《岁月回响》以蓝天大海水平线为封皮，平静、淡定、深远，给业余通讯员和文友们的不只是新闻范本，也是回想岁月的精神陈酿，描绘凡人风范、引领矿区风尚的精神家园。

戏言斗出了小说创作

24 岁时，陈欣的稿件多被采用刊发。父亲一高兴戏言：“你成天地写，有本事整篇小说给我看看。”陈欣说：“30 岁之前，准让您看小说。”他的更衣箱挨着采区班长，“上井一根烟，赛过活神仙”，班长吸烟还总有几个陪着的，有的递“三七”，有的让“五朵金花”，总抽便宜烟的春耕没人给烟。三种烟俩心眼，班长接过好烟感觉舒服。后来，发现这几人开始围着春耕敬烟了，原来春耕当了工长。他以此为原型，写成小小说《春耕烟》，讥讽活画趋炎附势的人性，最后上了《中国煤炭报》。10 年后，陈欣把集印的第一本书《新春文集》，献给父亲作为了 70 岁生日礼物。

文章成招牌　师傅找徒弟

1985 年的一天，陈欣接到一个陌生电话，竟是素未谋面的唐山师范学院中文系的牟云江教授，约陈欣到家里做客。原来，当时的《开滦矿工报》文学版“矿灯”定期为市作协赠报，牟老从报纸上看到了陈欣的小说，很感兴趣，几经打听找到他，每次作协开会都通知陈欣去，成了强化提高的良师

新春文稿集
(三)
2010—2013
新春文稿集
(二)
2007—2009
新春文稿集
(一)
1984—2006
陈欣作品选
梦回唐朝
陈欣 著
岁月回响

益友。复旦大学何淑云教授，也一直指导鼓励他进修作家班。一些名家都是先看了他的作品，才看上他这个人的。著名作家、河北作协主席关仁山，得知《陈欣作品选》将出版，当面叮嘱："出书一定要送我一本！"著名作家、河北作协副主席谈歌欣然题写书名。

坐车构思　创作提速

随着形象思维成为习惯，陈欣尝试坐车谋篇构思。一次等车，细雨绵绵，红黄雨伞下，一对情侣难舍难分，汽笛长鸣、列车出站，恋人依依不舍……他联想到农村矿工与妻小长期分离，每年丈夫探亲假期满返矿，妻子总要送出十多里……车到了站，散文诗《汽笛声》成竹在胸。《丑丈夫》成熟于外出车上，获海南文学人才奖。《仲夏情思》孕育于列车上，获得"当代文坛力作"诗歌创作一等奖，收入《中国新诗人千家》一书，并获当代诗人作家优秀作品奖。《仲夏了 去看海吗》获世界散文诗大赛奖。

年逾花甲的陈欣带新人建作家、艺术家千人群，组织采风、朗诵演出、热衷公益；受聘区文联书记、首佳老年大学校长，高效忙碌；心脏下了三个支架，仍笔耕不辍，小说、散文、杂谈、散文诗、诗歌、人文、历史、游记涉猎广博。他在各级报媒刊发新闻稿件 500 多篇，发表文学作品 800 多篇，精编新著《梦回唐朝》，堪称盛年力作，谈歌作序、田园题跋，高度评价其书其人"一方水土""一方人"。

坚 守

1=♭B $\frac{4}{4}$

王和贤 词
张 宁 曲

扫一扫 听《坚守》